秘密ノート

交渉、スキャンダル消し、橋下対策

Contents | The Spy Notes

秘密ノート

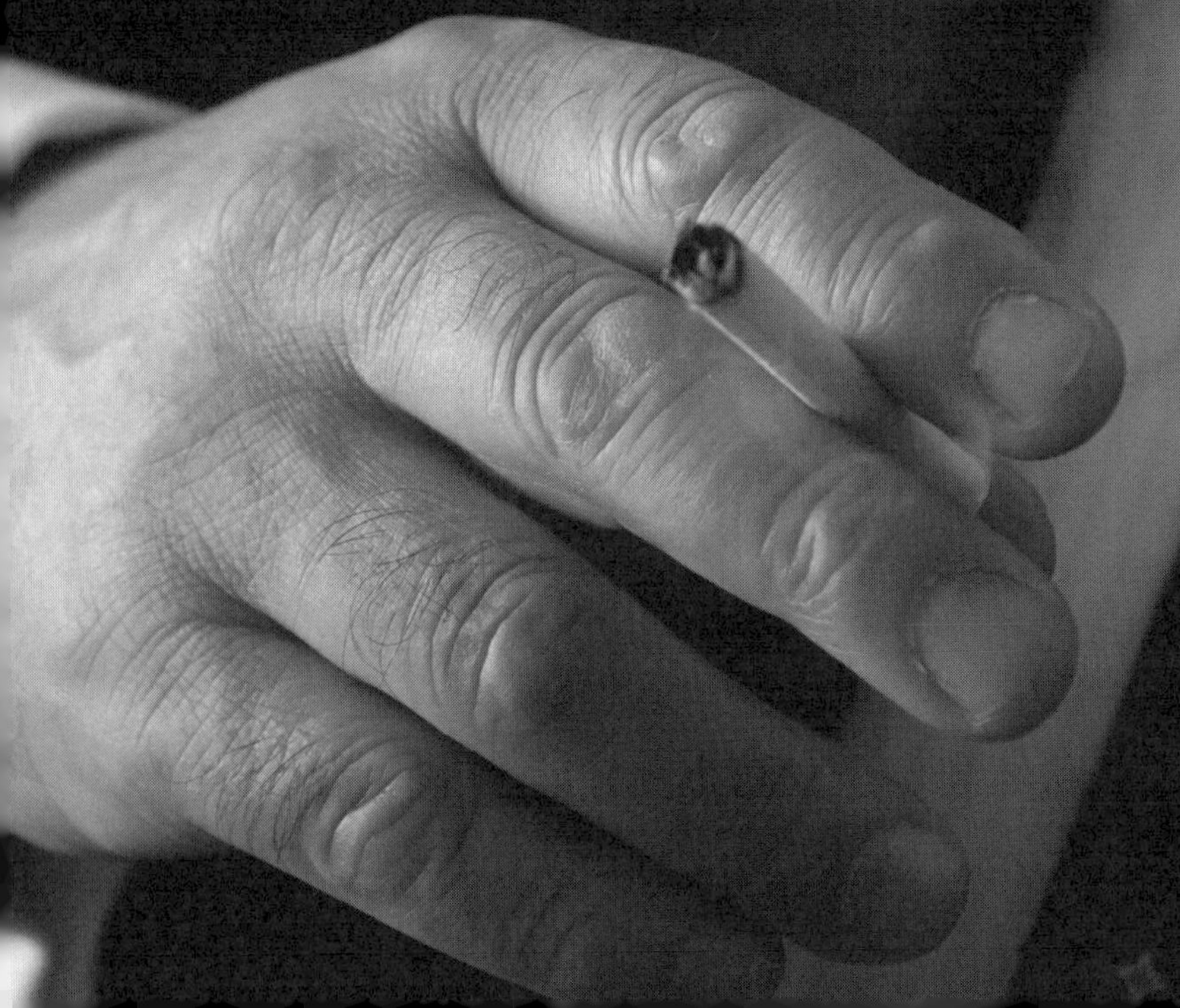

はじめに

二〇一三年四月二九日、モスクワを訪れた安倍晋三総理との共同記者会見で、北方領土のインフラ整備が進んでいることなど、ロシアによる実効支配が強まっていると指摘した記者に対して、ロシアのプーチン大統領は、

「私が今、注目したのは、記者の方が、この質問を紙から読み上げていたこと。この質問を、多分ほかの人からもらったと思うが、その人に対して、次のことを伝えていただきたいと思う」

と、記者が紙を見ながら質問していたことを皮肉り、さらに、

「もし、この（北方領土問題解決への）プロセスにおいて、妨げを起こしたいならば、それも可能。そのためには、激しくて直接な問題、直接な質問をして、同様に激しくて直接な回答をもらうことができると思う」

苛立ちながら、答えた。

この場面をわかりやすく説明すると、こうではないだろうか。

領土問題は、譲歩することができない問題だ。しかし、このまま北方領土問題が存在しては、日露が発展的な関係を構築することができない。日本とは交渉を進めていきたいし、ロシアの国益を損ねない形で、譲歩の用意がある。北方領土のインフラ整備が進んでいることについて「北方領土はロシアのものだから、文句を言われる筋合いはない」と言うことは簡単だが、実際に言ってしまうと交渉が止まってしまう。しゃべらないでおきたいし、日本のマスメディア諸君も、何でも質問すればいいと思うのは大きな思い上がりだ。

安倍晋三総理大臣は、「今回の共同声明において、『双方の立場の隔たりを克服し』とあるように、重要なことは、そのような問題を根本的に解消するために北方領土問題を解決するしかないということ」と、無難に答えている。

安倍総理の回答が一〇〇点であるが、プーチンの発言は「言明しないこと」「表にださない」ことの大切さを、日本のマスメディアに対して叱っているようで、私は面白く感じた。無論、日本の記者が政府の事情をおかまいなしに、あらゆる質問をぶつけてくることは当然だし、それに対して安倍総理のようにしっかりと返答できないからこそ、これまでの政権が短命に終わっているのだと思う。

本書では、こうした「秘密」の大切さを、さまざまな面から誰でも実践できる形でお示ししたつもりである。

詳細な検討については後述するが、「秘密なし」で失敗した事例の収集は、簡単であった。それは三年三カ月の「民主党政権」と、派手なパフォーマンスの陰で何一つ成果の上がっていない「維新の会」が、ありとあらゆる失敗をしてくれたおかげだ。

オープンにすればするほど、ムダが増えていった事業仕分けは好例だろう。官僚を公然とこき下ろす姿にメディアは喜んだが、ほとんどムダが削れず予算が増えていった。

ムダを減らすには、お互いの弱みを知っている優秀な官僚同士で水面下で競わせる仕組みをつくるのが一番だということに、なぜ気づけないのだろう。

本書が、表立って派手なことはしないが、矛盾に耐え、額に汗して働くすべての組織人、働く人の一助となることを願っている。

第一章 アベノミクスと秘密の部屋

なぜ、「秘密の力」に気づかないのか

「目には見えない危機管理」が日本を救う

二〇一二年一二月、安倍晋三総理より「内閣参与特命担当」を拝命し、首相官邸に入ることになった。

「特命担当」という言わば森羅万象を扱う役割を担って、小泉純一郎元総理の首席秘書官として五年五カ月の長期政権を支えた経験から助言をしている。

小泉政権以後の総理は、第一次安倍内閣も含めて、海外から「回転ドア」のようだと揶揄《やゆ》されるほど一年ごとに政権を放り出す結果になってしまった。

ただでさえ世界最大規模かつ世界最速のスピードで進む少子高齢化を迎えなくてはならない国難にあって、政治がしっかりしなくては、日本は滅亡してしまう。

その滅亡を食い止めるには、日本に何が必要なのか。私は、あらゆる組織における「目には見えない危機管理」ではないかと思う。組織が致命的なダメージを負うことを防ぎ、リーダーに対して大きな期待が寄せられるその背景には、必ず万全な危機管理体制がある。

民主党の三年三カ月はまったくの無駄でしかなく、私たちはあまりに高い代償を支払わされたわけであるが、それでももう少し危機管理がしっかりできていれば、世界からここまで日本が軽んじられることはなかったであろう。

自民党へと政権交代して、私が官邸に入ってまず驚いたのは、民主党政権によってめちゃくちゃに破壊された官邸の危機管理システムだ。

最高の権力機関であり、国家機密の集積場でもある官邸に、自由に出入りできる通行証が一三〇〇枚も発行され、うち八〇人が明確な反国家思想を持つ者、もしくは左翼運動家が所持していた。さらには前科者までもいた。

これで国家の危機管理が万全にできたら奇跡に近い。左翼、前科者はまさに論外という他ないが、私は一三〇〇枚もの通行証が発行されたことにも大きな疑問を持っている。危機管理の観点から言えば、人数が多くなればなるほど情報漏洩が激しくなる。

誰が情報をもらしたかわからなければ、人はどんどんマスメディアに情報を垂れ流す。そうなれば当然政権はその情報の弁明に追われる結果になり、国民からの印象は悪化の一途をたどることになってしまう。

安倍内閣では当然出入りできる人数を減らしたが、以前の小泉内閣では官邸に出入りできる人間を徹底的に減らしていった。信頼できない人は置かない、というより、信頼できる人しか置かないという態度だった。ちょっとでも怪しいという人は、失礼ではあったが退場していただいたものだ。

信頼できる人間だけを置くことで、マスコミへの逆襲ができたものだ。そうすることでマスコミが何を追いかけているのかを何も知らないフリをして探知することが可能になったのだ。

例えば、どこかで手に入れたリーク情報が真実であるかを確かめるために、ある大手新聞が手分けして官邸に出入りする人間に質問をしていたことがあった。

当時、チーム小泉と呼ばれる秘書官や特命チームの参事官らにマスコミからどんな質問を受けたかを私に報告してもらうようにしていた。

するとさまざまな質問をぶつけながらもある共通の質問事項があることに気づいた。

記者は、非常に巧妙に質問をぶつけてくるものだ。

気さくな感じで五五分間はざっくばらんな話をしておいて、最後の五分で、さりげなく本当に知りたいことを聞いてくる。質問に違和感が残ったら、しっかりと記憶しその違和感が発生した理由を解明すべく考えたほうがいいだろう。

自分の部下が、なにやら怪しげな取引をしていると感じたとき、真相を確かめるために、あなたは何をするだろうか。

おそらく、いきなり呼びつけて単刀直入に質問をすることはしないだろう。事態を正確に把握することが大事だ。

私だったら食事などに呼び出して、酒を飲ませるだけ飲ませて、油断させるだけ油断させてから、最後の会計の前後のタイミングで話を持ち出すだろう。それも単刀直入な言い方はできるだけ避けて。

新聞記者も同じようなやり方を用いてくる。しかも、政府への事実確認は複数にわたるので、しっかり管理できれば、共通して聞かれることが判明する。

もし新聞が知りたい情報がわかれば、紙面に載る前に先手を打つことができるのだ。スクープを潰された新聞は頭にきただろうが、本来強力な危機管理とは、そこまでできてはじめて合格点ということができるのではないだろうか。

まだ始まったばかりの安倍官邸が、その段階までできているかといえば、そうではないだろうが、構築すべき危機管理体制とはそのことだろう。

「表の情報」を知らなければ「裏の情報」を生かせない

官邸に入ってびっくりしたことはまだあった。公然情報（新聞やテレビなど、一般人でも触れることのできる情報のこと）の収集についてである。

世の中には表に出ないことがたくさんあるのは確かである。しかし、表に出ていることがたくさんあることも確かである。少なくとも自分たちにもたらされた裏の情報が、正しいか正しくないかを判断するには、あらゆる表の情報を集約して管理しておく必要がある。

それにもかかわらず、民主党政権では（首謀者は岡田克也前副総理のようである）、経費削減の名のもとに新聞は一紙のみ、しかもそれを回し読みさせていた。

これでは話にならない。

例えば小泉内閣では全紙（これは全国紙という意味ではない、あらゆる地方紙も含めた全紙）を定期購読させ、政治についてどのように報じているかを、逐一チェックさせていた。特に地方紙が、政権をどのように報じるかで、当然有権者の意識はかなり変わってきてしまうのだから、神経を使っていた。

おそらく岡田前副総理は、官邸は大きなニュースの事実関係さえつかめていればいいとでも考えたのだろう。マスコミとどう対峙していくか、政権をどう守っていくかという観点がまるでなく、ただ闇雲に経費削減を狙ったのだろう。

安倍官邸では新聞と多くの雑誌の定期購読を開始させた。雑誌は国民の実感を汲み取る能力に長けている。当然、政権を揺るがすようなスクープへの危機管理も大切である。やはりメディア対策は、危機管理の一丁目一番地と考えておいたほうがいい。

民主党政権の崩壊は、幼稚な危機管理のデタラメさから生じているものだと私は考えている。デタラメというより、危機管理について何も考えてこなかったと言ったほうがいいかもしれない。

どうすれば危機管理がうまくいくか、を少しでも念頭に置くことができれば、多くのことは未然に防げたはずだ。

これはあらゆる組織についても言えることだ。まずは自分の組織が陥るかもしれない事態を徹底的に想定し、打開の方策や未然に潰す手立てを考え抜くこと。それなくして、組織の半永久的な存続はあり得ないのではないだろうか。

ある民間企業では、広報の担当を出世コースから外れた人間や、社内で使い物にならない人間を置くケースがあるという。特に新興企業において広報や危機管理は疎かになりがちだ。

確かにスキャンダルを未然に防ぐことや、自社製品を大きくＰＲすることを評価するのは難しい。

未然に防いだのか、そもそものスキャンダルにニュース価値がなかったのかがわからないし、大きくＰＲできても広報担当のおかげなのか、そもそもの製品の商品力によるものかが判然としないからだ。

しかし、危機管理能力やＰＲには、絶対に知っておかなければならないノウハウがあり、企業経営者もそのような観点から広報対策をもう一度考えたほうがいいのではないか。

記者会見を成功に導く「時間」と「場所」

詳細は後述するが、例えば、同じ発表を昼の一三時半にメディアに出すのと、夕方の一七時に出すのとは天と地の差がある。

もし、昼の一三時半に発表すれば夕刊の締め切りにギリギリ間に合うので、各新聞は夕刊の最後に余った小さなスペースにねじ込み、次の日の朝刊でも、前日の夕刊で報じたことから、よくてベタ記事、最悪のケース何も報じてくれない場合もある。逆に一七時であれば朝刊でスペースを割いてもらえる可能性は高いが、時間がありすぎて、ネガティブな情報まで盛り込まれる可能性が出てくる。

このように新聞の仕組みを研究する必要があるだろう。

記憶に新しいアルジェリアの人質事件でも、被害者の出てしまった日揮には広報能力の欠如がみてとれた。

もちろん日揮の社員は必死でマスコミ対応をしていたのは事実だし、私が指摘する事実を克服したとしても、お亡くなりになった方々が助かるというわけではない。あくまで広報の危機管理についての話である。

それは、記者会見の場所である。日揮は本社一階のロビーで記者会見を行ってしまった。これは大きな過ちであった。

なにか事件が起きたときに、本社の中で記者会見を開くと、記者はそれ以後も社内に常駐してしまう危険がある。事実、あらゆるメディアが二四時間態勢で日揮の一階を占拠したと聞いた。

当たり前の話だが、日揮はアルジェリアだけで事業を行っているわけではない。世界中で事業を拡大しているはずだ。

あのようにマスメディアが会社の一角をずっと占拠し、場合によっては「あなたは今回の事件をどう思われますか」などとインタビューをしているときに、仕事を通常通り継続することはできるだろうか。

私は不可能だと思う。

機能不全になったり、士気の低下が起きたりしたのは間違いないだろう。

では、どうすべきだったか。

それは、ホテルで記者会見を開くべきだったのだ。

日揮本社のある大手町は、パレスホテルや帝国ホテルが近い。そこの場所を借りて記者会見を行えば、無制限でエンドレスにマスコミが居座るような事態は防げたはずだ。ちゃんとしたホテルにはマスコミに対する明確なルールがあり、マスコミもそれがわかっているからむちゃくちゃなことはできない。

本社では、このような緊急事態に慣れていない広報が右往左往した揚げ句、マスコミのつくる勝手なルールに従わされていたことは容易に想像がつくのだ。

海外の危険な地域に進出している企業は、今後このようなことが起きる危険性があるのだから、日揮と同じ轍を踏まないようにしたほうがいい。

さらに言えば、東京電力も同じことが言えただろう。震災で不幸な事故が起きたが、あそこまで袋叩きにあう必要はまったくなかったと私は考えている。

一〇〇〇年に一度のリスクに万全の対応ができる企業などあるわけがない。であるならば、広報の力や、裏の危機管理で徹底的に跳ね返すことができたのではないかと思っている。日本のエネルギーの根幹を担う東京電力が弱体化すれば、日本は危機に陥る。

この自明のことがわからなかった民主党政権は、東京電力を悪者にして、自分たちだけは責任から逃れようとした。

東日本大震災が、私が官邸にいるときに起きてくれたなら、と思うと非常に悔やまれてならないのだ。

東京電力も会見を本店で行ってしまったがために、記者の常駐を許した。これはマスコミだけが知る公然の秘密だが、とりわけ東京電力本店の三階にマスコミの出入りを自由にさせてしまったのは大きな痛手だ。

東京電力の三階には総務などの会社機能の中枢が集中している。本来は公開する必要のない情報までもがすべて尾ひれをつけて暴かれてしまったのだ。末端の社員の不注意な発信まで制御することは事実上不可能であり、誰かを悪者にすれば視聴率や売れ行きがよくなると考える不届きなメディアに食い物にされてしまった。

さらに報道によれば、常駐した記者が東京電力内部ですき焼きパーティーまで開いた模様だ。

もしあの記者会見を別の場所で開いていたなら、東京電力内部の事細かな日常までが攻撃の材料となる事態は避けられたに違いない。

情報や危機管理の力を侮るなかれ。一見、何も仕事がないような広報には、他人には秘密でしなくてはならない大事な仕事がある。突発的な事件は食い止められなくても、致命的なダメージは負わずに済ますことができるかは、裏方の力量次第だ。

「メディアには見えない」裏動線と秘密の部屋

首相官邸の秘密部屋

二万四三〇〇円也。これが内閣参与である私の日当である。

私は永田町をしばらく離れていたが、雑誌の連載、テレビ出演、各種講演などで並の国会議員よりも多い年収を稼いでいた。滅私奉公とはまさにこのことで、情報収集なども含めて官僚と懇談するときなど、私が食事代を持つとあっという間に一日の稼ぎが消えていってしまう。

安倍政権が軌道に乗るまでテレビや講演も断っており、出ていくばっかりだ。もちろん、これぐらい覚悟のうえなのだが、官邸に改めて入った私が頭にキタのは、お客に出すお茶や、名刺（一〇一枚目から）までもが自腹という慣習だった。

この慣習は、民主党政権時代の岡田克也前副総理が始めたのだという。前述した新聞一紙を官邸ぜんぶで回し読みも岡田氏が始めたようだ。

官邸で一生懸命仕事をしたいと考える人を後ろから水をかけるようなことを、なぜするのだろう。官邸が担う仕事に比して、このような経費削減が意味のあるようなものには思えない。岡田氏といえば兄弟がイオンの経営者だから、このような感覚なのだろう。しかし、官邸はイオンではない。

経費を削減することも大事だが、十全な働きをできなくなるぐらいの経費削減は、組織を機能不全に陥れる。外国の要人が官邸に訪ねてきて、「名刺は渡さない」「出すのは水道水」では失礼だと考えないのだろうか。

本当にとことん経費削減したいなら、官邸のトイレットペーパーも電気もエアコンも止めたうえで、駐車場もコインパーキングにし、一階のエントランスを企業広告で埋め尽くしたらいいではないか。

中途半端に新聞やお茶や名刺を削減するメリットが私にはまったく見えない。

岡田氏は、おそらく何の権限もない「副総理」という肩書だけ与えられて、仕事がなくて暇だったのではないだろうか。

小泉元総理は、一度も副総理を置かなかった。歴代の自民党政権でも金丸信氏など時々は置いたけれど官邸では執務しないのが不文律だった。いまの麻生太郎副総理（兼財務大臣）も執務していない。

これを踏みにじったのは、やはり民主党政権。鳩山由紀夫内閣の菅直人副総理（当時）からだ。

そもそも副総理とは憲法にも内閣法にも定めがなく、何の具体的な権限もない。当然ながら、固有の法的権限の証明として持っている公印（通称「ハム印」）もない。ちなみに岡田氏は、行政改革や社会保障・税一体改革の「担当大臣」なども兼ねていたが、独自の行政上の権限があるわけではないので公印は持てなかったはずだ。

しかし、本人は自分が非常に偉いのだとお考えだったようで、事務秘書官も総理並みに人数をそろえ、秘書官が執務するスペースが足りないといって総務官室を五階から二階へ追いやり、副総理室を広げたと聞く。

新しい総務官室は、パーティー客や官邸見学の団体を待機させる大部屋を仕切って作ったらしい。総務官を二階へ追いやることは、もし大事な政局のことを考えるなら絶対にしない。狂っているとしか言いようがない。

首相官邸の構造を大公開

官邸の総務官室がなぜ五階にあったか、それを知っていればそんな暴挙には出なかったかもしれない。

それをわかりやすく説明するために、官邸の内部について簡単にお教えしたい。

官邸は、五階建てで地下一階がある。表玄関は官邸では三階にあたり、二階以下は〝地下〟と揶揄されることもある。

下の階から順に述べていく。

まず、地下一階。ここには危機管理センターがある。一階は記者会見室、二階は先も述べたが、来客用のレセプションホール、貴賓室がある。三階は玄関ホール。テレビ中継でよく総理大臣や大臣が官邸に入っていくのはここだ。四階は閣議室、補佐官室、参与室がある。私の執務室もここにある。

そして、五階。首相をはじめとして官房長官、官房副長官（特に事務担当の副長官は霞が関のドンと称される）、秘書官など官邸の中枢機能が鎮座している。民主党政権時は、総務官室は二階へ移され、副総理室が特別に設けられた。

首相執務室前の廊下には内閣記者会（マスコミ）が来客をモニターできるようカメラを設置してある。新聞の朝刊の政治欄にある「首相動静」は、このモニターの情報をもとにつくられている。

実は、マスコミの監視の目に触れずに首相に会える「裏動線」も存在している。官房長官ら五階にいるスタッフはカメラに写らずに首相執務室に入ることができる。

さてここで総務官の仕事について解説していく。総務官は、各省庁との窓口で、閣議案件を整理し、重要な人事もさばく。首相の施政方針演説の原案なども各省庁と調整し取りまとめる。内閣の窓口として国会や最高裁との折衝に当たる。宮内庁と連絡して皇室日程への目配りもしなくてはいけない。

さらに内閣にとって大事なのは、衆議院を解散するにあたって、天皇陛下から解散詔書をいただいてくること。これも総務官の仕事なのだ。内閣改造の直前に新閣僚の補職辞令もあらかじめ用意しておく。事務副長官同様に、旧内務省系のキャリア官僚が就任する。もし、総務官が五階にいれば、首相が解散や内閣改造を決意し、総務官が執務室に足繁く出入りしても内閣記者会には気づかれない。

しかし、官邸の二階から五階へ行く「裏動線」はない。岡田氏が総務官を二階へ追いやることは、官邸機能を明らかな形で弱体化させたといっても過言ではない。総務官が一日に何度も五階と二階を往復するだけで、何か大きなことが起きていると簡単にマスコミにわかってしまうのだ。

肩書が山ほどあり、秘書官が大勢いても、ハム印はなかった岡田副総理。

こんな人が権力の中枢にいるかのような振る舞いをしていたところだけを見ても、い

副総理時代の岡田氏（ＰＡＮＡ）

かに民主党が日本の内閣の仕組みと法律に徹底的に無知で、どうすれば内閣がうまく仕事ができるようになるかについて、何も考えてこなかったかがよくわかる。

繰り返しになるが、官邸はイオンではない。いや、イオンでも本社に行けばお茶ぐらい出てくるだろうし、名刺もくれるだろう。

イオンが闇雲な経費削減だけをしていて日本最大の流通グループになれるわけがないのだ。

民主党のダメさ、まずさは岡田氏のような人間でも重用しないといけない人材の薄さであろう。

なぜ、リーダーは何も聞こえなくなるのか

デモ隊の声も聞こえない官邸の〝壁〟

官邸前で毎週金曜日に行われている反原発デモ。今ではずいぶん規模も小さくなってきたが、最盛期には主催者発表で四万人もの人間が集まった。

当時、総理大臣だった野田佳彦氏は、この原発デモを評して「大きな音だね」と漏らしたことがある。

その一言がデモ参加者の「私たちのデモを評して、音とは何だ！」という反発を買った。

この発言は、首相が仕事場である官邸から住居である公邸へ歩いて帰る際に傍らにいた警護官（ＳＰ）に向かって話しかけた言葉が、随行した記者に聞かれてしまったというのが真相のようだ。

その後、総理は「記憶がない」「さまざまな声が届いている」「多くの声を受け止めていく」と打ち消しに躍起になっていた。

私が同情を禁じ得ないのは、官邸や公邸の建物の中にいると、外でどんなに大きな物音がしてもほとんど聞こえないということだ。

外に出た途端に大音量のデモ隊の声が聞こえたので、思わずびっくりして、つい「大きな音だ」と言ってしまったのだろう。

ガラス張りの部分があっても、相当程度の衝撃に耐える防弾性に優れたものだし、超強力な防音対策も施されている。

ヘリコプターの離着陸時に起きるものすごい轟音、近くに落ちた落雷であっても「何か外でかすかな音がしたな」と感じる程度で、「声」として認識することはあり得ない。だから、いくら官邸の周りでデモが何を訴えても、街宣車がスピーカーを最大音量にして主張をしようとも、あまり意味のない行為だと指摘しておく。聞こえているのは、せいぜい官邸の周りを警備する警察官ぐらいだ。

現在の官邸は、窓も開くことはない。全館、自動空調が行き届いており、初めから絶対に窓が開けられないようになっている。

小泉内閣が始めた「クールビズ」。ノーネクタイで大号令をかけて間もないある日の朝のこと。官邸に出勤した小泉総理（当時）が雷を落としたことがあった。

「表より官邸のほうが暑いのはどういうことだ」

官邸内は常に二八度に空調を設定していたため、たまたま涼しかった外より暑くなってしまった。初夏にもかかわらず部屋を暖かくしていたのだ。

「全館、自動空調だからといって何もわざわざ暑くする必要はないじゃないか」

と、ご立腹だった。

官邸という閉ざされた空間で過ごす首相は、与党内や霞が関の耳障りな情報が入らなくなる。外の音や外気が入ってこないことは、それを象徴しているように思う。一歩外に出て、大きなデモ隊の声に驚いた野田総理のようにならないためにも、官邸の住人が努力して総理に情報を入れなくてはいけないのだ。

政治的には「松」も「竹」も縁起が悪い？

今は、首相公邸となった旧官邸は、縁起担ぎをさまざまに考えた意匠を凝らしていた。内閣が長続きをするような熱意がいろいろなところに溢れていた。

まず、屋上の国旗掲揚台には四羽のミミズクの彫り物がとまって四方に目を光らせている。このミミズクはローマ神話に登場する知恵と武勇の女神、ミネルヴァの使いだ。

知恵の象徴として官邸の仕事を監視しているという説もあるが、私は夜行性のミミズクが寝ずの番で官邸を守ってくれていたのではないかと考えている。

「男の花道」と呼ばれた正面玄関の裏側の壁には、三匹のカエルの彫刻があった。これは首相の来客が、長時間官邸に滞在すると「俺も総理になれるかも」とやる気を出して、首相の首が危うくなることから、「早くカエル」と念じていたようだ。

正面玄関に入ると、池上秀畝氏の大作「鷲」の衝立が来客を出迎えた。

荒れ狂う海に浮かぶ四つの岩の上で鷲がカッと目を見開き、羽ばたいている構図だ。その四つの岩が北海道、本州、四国、九州で、「ワシが荒れ狂う日本を治める」という意味だ。

「鷲」の衝立だけは、小泉政権で引っ越しをしたときに、小泉総理が閣議室の前に飾るように指示をした。

引っ越しをしたときに、どうしても気に入らなかったのが、五階にある総理用食堂の坪庭の「黄金竹」だ。「天に向かって伸びる竹は、未来への挑戦」という説明を受けたのだけれど、黄金竹はひとフシごとに色違いのグリーンの縦縞が入る。一目見た瞬間から、内閣が短命でどんどん交代するような気がしてならなかった。

今でも見るたびに引っこ抜きたいと思ってしまう。逆に、やめさせたのが官邸の周囲に植えようとしていた「松」だ。

松は「あの世で待つ」になってしまうから、お墓をつくるときでも避ける傾向にある。まして、「次の官邸の主を待つ」というのはいかにも縁起が悪い。そこで桜を植えることにした。

これは、官邸に入る前に「みんな散る」という願をかけたもの。

ところが、小泉政権以降、どうも散るのは官邸の主のほうになってしまった。安倍政権はどうやら長期政権になるようで、桜を植えさせた私としては、やっと思いが通じたかと思い、ホッとしているところだ。

なぜ、オープンに物事を進めると、かえってムダが増えるか

霞が関は、先進国で一番効率がいい組織

「役所はムダばかり」という報道を見慣れている読者は驚くかもしれないが、実は日本の公務員の数（人口比）は、先進国の中で最も少ない。組織も小さい。

これは「行政改革」を金看板に掲げて政権を取った民主党も認めていた事実だ。「行政管理庁」（現・総務省行政管理局）が公務員の定数を厳しく管理してきた結果、この数十年間、公務員は増えていない。局長の数も、課長の数も増えないように厳しく抑えられてきた。

しかし、民主党政権はそれでも公務員組織にはムダが多いとして「行政刷新会議」をつくって仕分けに取り組んだ。

まず、できたのが行政刷新会議の事務局だ。

次に、公益法人改革をやるといって、公益法人行政担当室をつくった。

次に、公共サービス改革担当事務局ができた。

次に、規制・制度改革担当事務局ができた。

次に、国家公務員制度改革推進本部事務局もできた。

次に、これらの組織を束ねる「行政改革実行本部事務局」もできた。

岡田克也副総理が就任してから、「行政改革に関する懇談会」ができ、さらに「行政改革実行本部」ができた。

民主党政権になって新しくできた行政改革に関する会議は三つ、事務局組織は五つあるらしい。

「らしい」というのは、ちゃんと法律をつくって設置したのは国家公務員制度改革推進本部事務局だけで、あとは閣議決定で（つまり政府が場当たり的に）つくったものだ。法的根拠や権限がない会議や事務局が、政府内に増殖した。

会議をつくれば仕事が進むということはない。日本の公務員制度のもとではどちらかというと仕事が遅れる。既存の組織を強化することで問題に対処したほうが、よほど問題の解決には近道になるのに、民主党政権時代は、「行政改革」の名のもとに何かが始まるたびに行政組織が膨れ上がるという妙な現象ばかり起きた。

公務員定数は変わらず、各省はギリギリの人数で仕事を行ってきた。その状況で「行革」のために立ち上げた事務局の要員を集めると、各省の人員が減り通常業務に支障が生じる。

ざっと勘定しただけでも「行革」に奪われたのは二〇〇人。その人数分の仕事を省に残った人間が負担するからだ。

民間からも登用している。この人たちは「定員外」だから別途給与を支払う「臨時雇用」だ。つまり人件費が別に発生し、財政を逼迫させる。一つ組織をつくったら、類似する組織を発展解消させないと二重行政になることがわからないのだろうか。

民主党が最悪なのは、政府だけではなかった。党内の組織も猫の目のようにくるくる変わる。そして何も決まらない。それは政権を失ったいまでもまったく変わっていない。

走るように過ぎた悪夢のような日々

通常の組織であれば議論を尽くして結論を出すが、民主党の場合は結論を出したあとに議論が始まる。いつまで経っても決まらない。

決めた結論に従わないばかりか組織を飛び出す。離党者は政権交代から一〇〇人を超えた。組織の体をなしていないとはこのことだ。

政権交代で一番ホッとしているのは、民主党議員ではないか。

自らの言動に責任がともなうという、民主党議員にとって生まれて初めての経験から、責任のない立場で好き勝手に発言することのありがたみが身に沁みたことだろう。これからはずっと野党でいたいと考えるのでなければ、厚顔無恥というものだ。

衆議院が解散され、予算編成は新しい内閣で行うことが確定した直後に、信じられないことに民主党は「事業仕分け」を行った。選挙の結果によって、すべて振り出しに戻ることが有力視される中での強行である。

その「新仕分け」を強行したのは岡田克也副総理（当時）である。情報筋によると、「新仕分け」は岡田氏が「断固やる」といって、実施が決まったという。

しかも仕分けの実態は、岡田氏自身の出身母体である経済産業省への追及は甘く、他省庁にはひたすら冷たいという極端な結果になった。

岡田副総理の政治的センスの欠如は周知の事実なのでいまさら解説する必要はないと思うが、当選の可能性が極めて低い民主党議員にとっては、「新仕分け」はまさに泣きっ面にハチといえた。

しかも国民にとって不必要な事業を切るというなら大歓迎だが、今回の仕分けはそうだと言い切れない。

例えば、佐々木隆博農林水産副大臣（当時）は、農山漁村が望んでいる再生可能エネルギーである木質バイオマス発電についての予算を重点事項として提出したが「予算計上見送り」とされてしまった。新規就農対策も「大幅縮減」。国土防災事業は「やるな」。佐々木氏は北海道六区選出。農業が盛んな地域で「自民党に政権交代すれば予算が復活するかもしれませんが、民主党ではこの再生可能エネルギーやそのほか諸々の事業をするつもりはありません」と事実上宣言して選挙戦に突入、そして、落選した。

厚生労働省の在宅医療連携拠点事業と臨床研究中核病院の整備が結論ありきで「予算計上見送り」になりそうなときに、桜井充厚生労働副大臣（当時）が「こちら側（省庁側）が悪者で、そちら側に座っている皆さんが、いいような構図はいかがなものか。ずっと疑問を感じていた」と岡田副総理にかみついた。

まったくその通りなのだが、こういう問題点が政府内で処理されることなく、公開の場である事業仕分けの本番に出てきてしまうところがいかにも民主党らしい。桜井氏は参院議員なので、いまでも国会に議席を持っている。

しかもマスコミはほとんどこの事業仕分けを報じることもなく、また仕分けする事業規模も極めて小さいことから、選挙直前の民主党議員をいじめるだけになってしまった。

先述した農林水産省の「木質バイオマス発電」は、すでに国会で審議されている。再生可能エネルギーを担当する経済産業大臣が「他省庁の支援についてはやっていただけるものであればとやかく言うものではない」と発言、農林水産大臣は「引き続き支援していきたい」と受けて、事業を続行する方向で決着した。それをわざわざ蒸し返して予算計上見送りに持ち込んだ。

ありがとうさようなら、民主党

この問題を担当した仕分け人の市川眞一氏(クレディ・スイス証券チーフ・マーケット・ストラテジスト)は、「農林水産業の持つ多面的機能というものを知らない」と発言した。農林水産業の多面的機能とは、収穫物を得るほかに、国土の保全や美観、伝統文化の継承に役立っていることを指す。こんなことも知らないようなど素人を農業分野の仕分け人にする神経がわからない。

市川氏は木質バイオマス発電に関して「買い取り価格は三一・八円に決まって、そしてそれを三三・六円にしたんでしょ。(この分を)事業者のインセンティブにしたんでしょ。だから補助金は要らないんだ」と言った。

ど素人だからわからないのかもしれないが、三三・六円は、三一・八円の小数点以下を四捨五入して消費税を付け加えただけの金額。この計算方法は太陽光や風力発電と同様で、この指摘が誤っているのは明らかである。外資系の証券会社やテレビ番組でやってくれるならいいが、困窮する山村の人々の生活を踏みにじるようなことをしていいわけがない。

この仕分けが反映されれば、農水省による再生可能エネルギー支援事業はなくなり、経産省のみの管轄になる。

その一方で、経産省の「イノベーション拠点立地推進事業」は、「国民の納得のいく説明が行われない限り予算計上は認められない」としている。

一見して厳しい言葉に読めるかもしれないが、これは霞が関独特の表現で、わかりやすく翻訳すれば「テキトーな説明をしてくれれば、予算は計上しますよ」という意味であり、実質的に予算は温存の方向である。経産省だけが優遇され、他省庁は叩き潰されるわかりやすい結果となった。

この仕分けに岡田副総理は三日間とも出席したというが、選挙応援の依頼はなかったのだろうか。民主党の幹部には珍しく、女性問題も金銭問題もない岡田副総理が、休日の仕分けに出席できるとは、うわさ通り党内での人望がないということだろうか。

この「新仕分け」について、岡田副総理は自らのブログで次のように総括している。

「いずれにしても、一つの政権交代の大きな成果、ここにあり。そう思います」

厚顔無恥もここまでくると、さすがである。自分の出身母体（経産省）と所属組織（民主党）だけ守ることを岡田前副総理の周辺では「潔癖な原理主義者」と呼んで偉人扱いをするらしい。

自民党政権には即刻「逆仕分け」を行うことをお勧めしたい。民主党政権下の仕分け人を呼んで「なぜこの事業をいらないと思ったのか」「これで地域振興は果たせるのか」「廃止した根拠は」と丁寧に答えてもらうことが必要だろう。

マスコミ受けするように大騒ぎさえすれば、自らの発言に責任を持たなくてよい、という風潮が続くことは避けなければならない。

「政権交代する」という公約以外は、何ら成果のあがらなかった民主党。本来払う必要のない高い授業料にはなったが、時の政権への不平不満ばかりをいって人気を集める政権担当能力がない政党に政治を任せてはいけないことはよく勉強できた。

ありがとうさようなら、民主党。

「ムダに多いムダ削減組織」

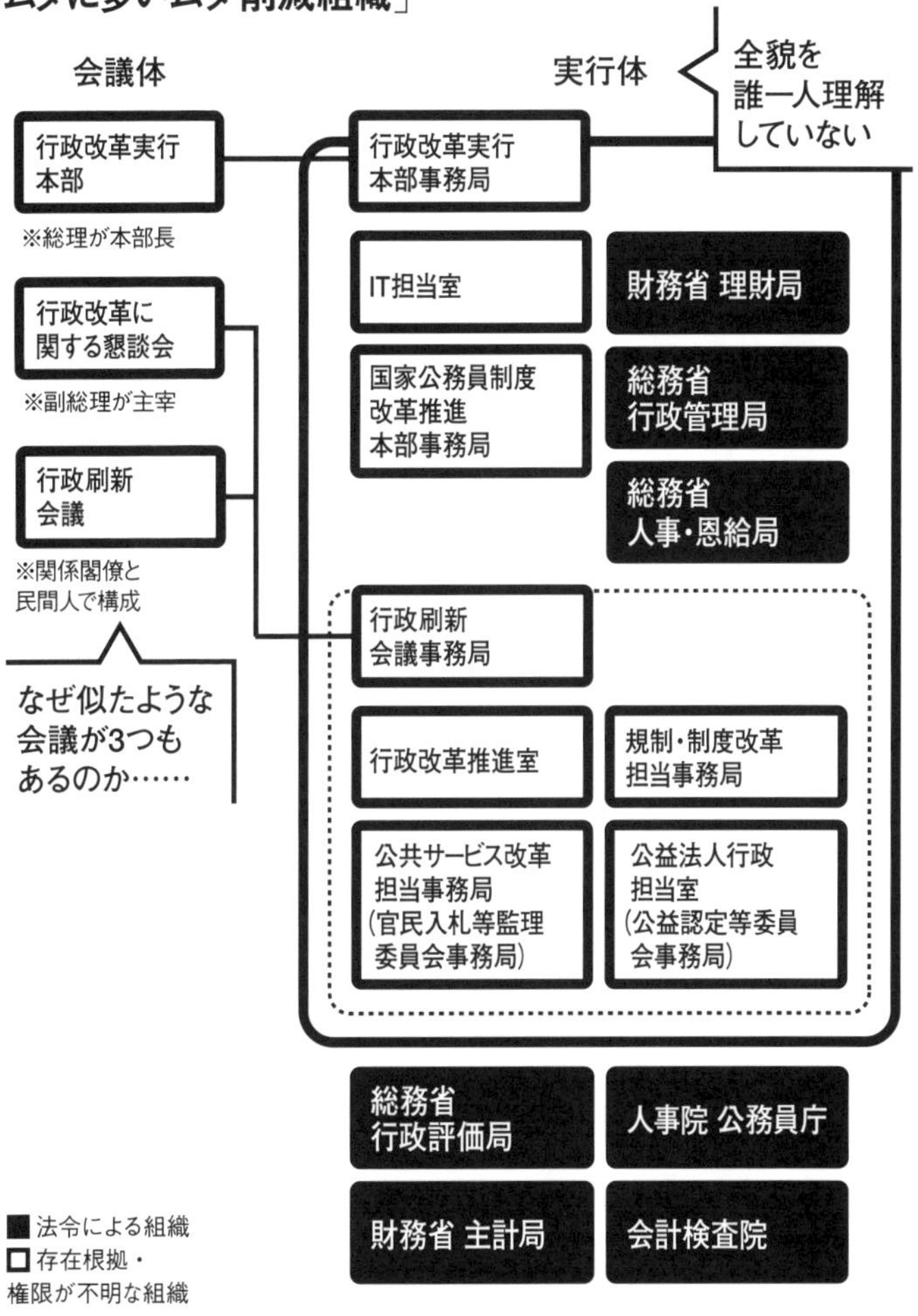
会議体
実行体
全貌を
誰一人理解
していない
行政改革実行
本部
※総理が本部長
行政改革に
関する懇談会
※副総理が主宰
行政刷新
会議
※関係閣僚と
民間人で構成
なぜ似たような
会議が3つも
あるのか……
行政改革実行
本部事務局
IT担当室
財務省 理財局
国家公務員制度
改革推進
本部事務局
総務省
行政管理局
総務省
人事・恩給局
行政刷新
会議事務局
行政改革推進室
規制・制度改革
担当事務局
公共サービス改革
担当事務局
(官民入札等監理
委員会事務局)
公益法人行政
担当室
(公益認定等委員
会事務局)
総務省
行政評価局
人事院 公務員庁
財務省 主計局
会計検査院
■法令による組織
□存在根拠・
権限が不明な組織

なぜ、タバコ部屋には組織の最高機密が集まるか

なぜ、喫煙率半減で肺がん死亡急増か

始めから結論ありきの人間に対して説得を試みることは大バカ者のすることだ。

プロパガンダを掲げて、感情的な攻撃を繰り返す人には近寄らないほうがいい。それでも、まともに仕事をしていれば面倒くさそうな人間とやりとりをしなくてはいけないときがある。

そんなときは、相手がどんなに非常識なことを要求してきても真っ向から反論するのではなくて、とりあえず「はい、はい、そうですか」と答えておけば、業務を進めるうえではうまくいく。まともに対応していたら身が持たないし、時間のムダだ。

しかし、忘れてはならないのは、その人間が正しいということでは絶対にないということだ。

どこの組織でも、組織の円滑化のために、声が大きい非常識な人間の意見が通ってし

まうものだが、ものには限度というものがある。

民主党政権時代、この非常識な勢力が発言力を増したことがあった。小宮山洋子氏が厚生労働大臣に就任した当時、日本に根付いてきた「分煙」という社会を飛び越えて、喫煙者そのものを抹殺しようとする動きを見せた。

私だって声の大きな面倒くさい連中と付き合いたくはない。しかし、学生時代から数十年、毎日六〇本以上吸い続けてきた愛煙家として、言っておかなければならないことがある。

タバコを吸わなくても常識のある人を対象に、事実関係を整理して、冷静な議論を呼びかけたい。論点はいくつかある。

まずは、肺がんと喫煙率の関係だろう。世の中には数多くの禁煙本が出版され、禁煙を勧める情報があふれている。

本の内容はどれも似ている。

冒頭に、日本人の死因の第一位が「肺がん」であるという円グラフが示され、その肺がんが年々増えているという折れ線グラフが掲載されている。

読み進めていくと、喫煙率が年々下がっているという折れ線グラフが登場して「時代の趨勢は禁煙です。さあ、あなたも！」という雰囲気で締めくくられる。

こうしたデータの提供元となっている厚生労働省や国立がん研究センターは、タバコの害を血眼になって探そうとしている機関なので、中立的な調査は期待できないのだが、仮に「正しい」という前提で話を進めてみる。

読者には「肺がんの増加」と「喫煙率の減少」を並べてみていただきたい。何か気がつくことはないだろうか。

その通り。喫煙率が年々減少して半減しているにもかかわらず、肺がんで死亡する人の割合は急激に増えている。

禁煙活動家の主張通り、タバコが肺がんの主因であるならば、これだけ喫煙率が下がっているなら、副流煙被害も減り、肺がん患者はもっと減っているはずだ。

どうしてこのようなことが起きるのか。答えは簡単だ。肺がんにはタバコ以外にさまざまな要因があるからだ。タバコが体に悪い、発がん性がある、という結論だけが先行するから、真実を見誤ってしまうのだ。

タバコのパッケージに表示が義務付けられている文言がいい例ではないか。

タバコの箱には「疫学的な推計によると、喫煙者は心筋梗塞により死亡する危険性が非喫煙者に比べて約一・七倍高くなります」などと書いてある。

この表示から、喫煙者は、何を読み取るべきなのか。同じ一・七倍でも一〇〇人に一〇人の割合が、一七人に増えるのか、一〇〇万人に一〇人の割合が一七人に増えるのかでは、意味が大きく違う。

しかし、この表示ではまったくわからない。「推計」というのもあやしげだ。最終的な段階で禁煙運動を盛り上げたい黒幕の主観が排除できない。

タバコのパッケージを見る限り、大した根拠もなく、印象操作で喫煙者を脅そうとしているかのようだ。

タバコに含まれているニコチンは、体によくないとされている。しかし、問題はタバコがどの程度体に悪いかである。極微量の有害物質ということであれば、食卓によく出る食材にも含まれていることは珍しくない。

喫煙率は半減、肺がんは急増している

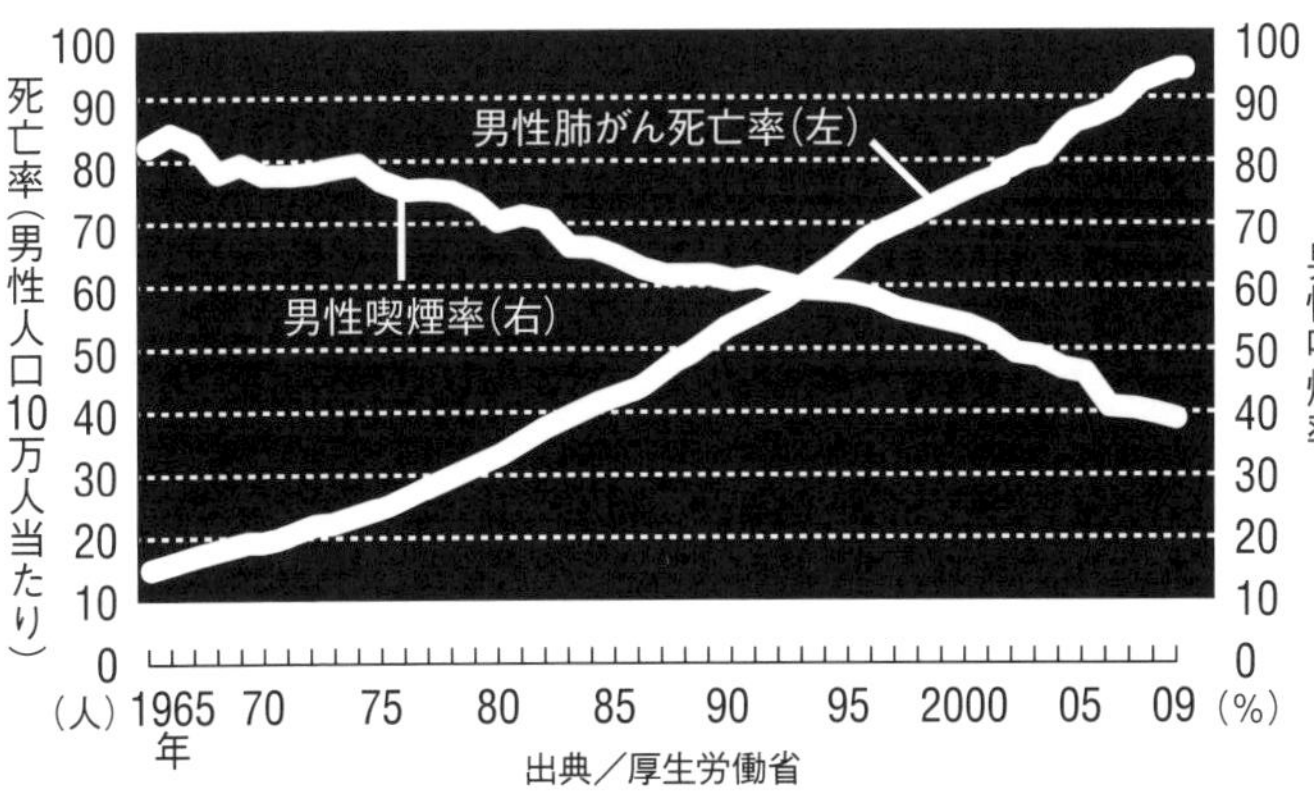

出典／厚生労働省

マグロにはヒスタミンが、ヒジキにはヒ素が含まれていることがある。パッケージに「死亡の危険性」まで指摘させられているのはタバコだけだ。

ちなみにタバコの原料はナス科の植物だが、同じナス科のナスやトマトにもニコチンが含まれている。

喫煙者のほうが医療費は安い

禁煙運動で、性質が悪いと思うのは、中核を担っている人たちの声がとてつもなく大きいことだ。

彼らの声の大きさで、周囲の人々は「事なかれ主義」に陥り、ゆきすぎた禁煙活動を黙認し、世の中が「禁煙マーク」だらけになってしまう。

先に挙げた小宮山氏だけでなく熱心な禁煙活動家に激しいクレームを受けると、どうしても受け入れてしまう傾向が強い。

例えば、こんな話もある。

タバコの煙が有毒という批判から、煙を出さない「無煙タバコ」が開発された。副流煙がタバコを吸わない人にも害を与える、というのが禁煙運動家の主張の一つだったが、これで誰にも迷惑をかけずにタバコが吸えるようになるはずだった。

しかし、日本禁煙学会は無煙タバコからニコチンが吐き出されている可能性があるとして、クレームをつけた。

この結果、「吸っているしぐさが他の乗客の快適性を損ねる恐れが強い」（全日空広報室）として、火を使わない無煙タバコ「ゼロスタイル・ミント」は、全日空で禁止されることになった。

二〇一一年、福島県から山梨県内に避難してきた子供の保育園入学が「原発に対する不安が他の保護者から出た場合、対応できない」と断られたが、本質的にまったく同じ問題である。

日本航空、ＪＲ各社では禁止されていないことを考えると、全日空には、事なかれ主義の無責任体質が蔓延《はびこ》っているのではないか。

二〇一一年四月から一二年二月までに全日空は航空事故が二件、重大インシデント（出来事）五件を引き起こしている。背面飛行や尻もち事故は記憶に新しい。一方の日本航空は、航空事故なし、重大インシデント一件のみ。

無煙タバコを禁止にして、尻もち事故で飛行機から煙を出すというのでは情けない。猛省を求めたい。

喫煙率を低下させても、肺がんは減らないにもかかわらず、国が税金を使って禁煙運動を進める必要はどこにあるのだろうか。

各種研究データからも喫煙者のほうが医療費は低く抑えられる傾向にあることがわかる。

外資系のファイザー製薬は、禁煙薬を販売している。ファイザーの主催する講演では、中村正和医師をはじめ、多くの厚生労働省の「次期国民健康づくり運動プラン策定専門委員会」委員が登壇している。

委員には、ファイザーと共同研究をしている人間も含まれている。多額の資金が外資系企業から、厚生労働省の政策に

2011年度の事故件数比較

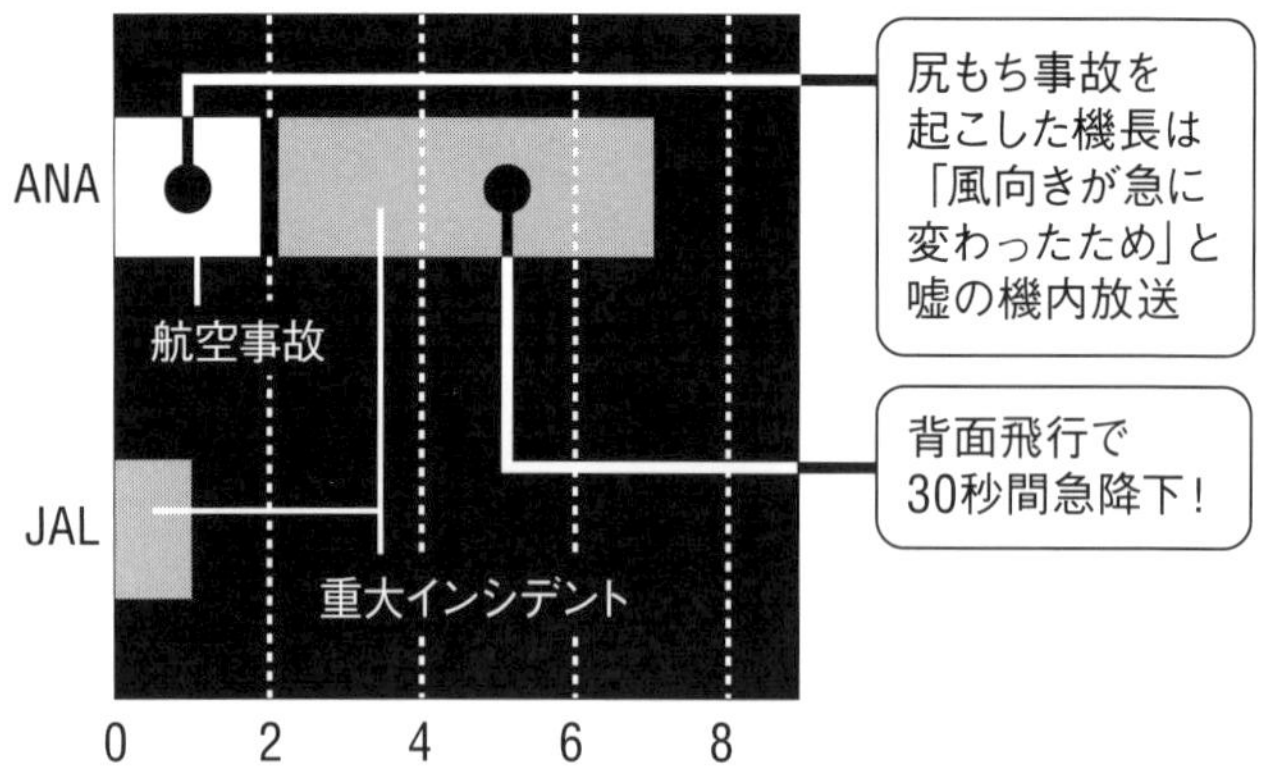

ANA
JAL
航空事故
重大インシデント
0
2
4
6
8
尻もち事故を起こした機長は「風向きが急に変わったため」と嘘の機内放送
背面飛行で30秒間急降下！

出典／国土交通省

関与する人間に流れている構図だ。

いま、がん対策推進基本計画の素案が私の手元にある。その個別目標の項には三五文字×一五行のボリュームが割かれているが、そのうちの三五文字×一〇行で喫煙について書かれている。数値目標があるのもタバコだけだ。

がんの要因は、国立がん研究センターの「推計」を信じるとしても、リスク要因にはタバコ、飲酒、メタボ、野菜不足などたくさんある。

飲酒で身を滅ぼしたという話はあっても、タバコを吸って生活が破綻した話は聞いたことがない。

まず撲滅すべきはタバコよりもアルコール飲料だろう。社会に対する有害度が明らかに高い。

大気汚染や排ガスは、喘息やアレルギーなど大きな健康被害を生む。タバコの煙ばかりに、国が焦点を当てるのは説得性に欠ける。

禁煙運動の先頭に立った人間ばかりを専門委員に選定することで、偏った予算額が喫煙撲滅に計上されることになる。

禁煙運動が盛り上がれば、禁煙外来の患者が増える。患者が増えれば、ニコチンパッチや禁煙補助薬が処方される。禁煙についての講演も増える。

「喫煙」を「病気」と認定させることで、医師と外資系を含む医薬品会社が国費からお金を簒奪しているのだ。

まずは、外資系企業から一定程度の資金援助がある医師は、公的機関での発言は控えるか、いくらもらったかを明らかにすべきだと考える。

タバコ部屋に情報が集まる

それでも「タバコは体によくない。絶対にやめるべき」という善意の読者のために、改めて冷静にデータを見つめ直すことにする。

タバコで平均寿命が短くなるのは本当のようだ。高橋裕子奈良女子大学教授が行った五万人調査では、四〇歳からの平均寿命は、喫煙者で四一年、非喫煙者で四四・七年であった。

つまり、喫煙者は八一歳で死に、非喫煙者は八五歳の手前で死ぬということだ。

マスコミで取り上げられるのが、元気なお年寄りだけなので勘違いをするのだろうが、高齢者の現実は甘くない。

後期高齢者となる七五歳から、さらに六年後の八一歳からの四年間に人生の充実をかけるなら、ぜひ禁煙してみてはどうだろう。

排ガスが有毒なのは明らかなのだから、市街地からも離れたほうがよい。ロウソクの煙や線香の煙も有害な物質を含んでいるので、冠婚葬祭や誕生日会も避ける。

もしくは、「禁煙マーク」を読経中の坊主に提示して「線香に火をつけるのは科学的に意味がなく、有害だからやめろ。幼児が目に入れたら危険だ。においも気に食わない」と説得してほしい。

タバコが体にいいか悪いかということは、実は私にはどうでもいいのだ。それよりも重要なことがある。

それは、情報である。いま、禁煙ファッショが進む日本で、最も多くの機密情報が集まる場所は〝タバコ部屋〟だ。

分煙が進むにつれ、その傾向は顕著になった。社内に喫煙所が一つという企業では、通常の会議や打ち合わせでは決して得られない部署を超えた情報がタバコ部屋に集まってくる。

愛煙家同士の絆は強く、所属や肩書を超えた人間関係が生まれる。タバコ部屋とは、管理職と平社員が本音で語り合える場所なのだ。そこから数字だけでは見えてこない組織の本質が見えてくるはずだ。

禁煙運動家には「都合の悪い真実」

喫煙経験者	非喫煙者	調査対象	人数	調査年
10288円	11000円	某教職員共済組合加入者	12314	86〜90
9013円	9083円	30歳以上国民保険加入者・男	911	89
141623円	191153円	40歳以上被用者保険組合・男	4795	89
32232円	47413円	プラスチックボトル製造会社員	1381	90
136000円	142000円	某自治体職員・男	2060	2002
96000円	130000円	某自治体職員・女	1336	2002
45542円	49705円	A保険組合ホワイトカラー・入院外	-	97〜02
24347円	27097円	A保険組合ホワイトカラー・入院	-	97〜02

※タバコの研究報告における医療費実費調査（年間1人あたり）

何も、吸いたくない人まで、タバコを吸えと言っているわけではない。分煙をして、お互いに尊重し合えればそれでいいのではないかと考えている。

タバコ部屋の住人は、黙々とデスクワークをする非喫煙者より、多くの人間関係を結び、非喫煙者が知らない情報を握っているのは間違いない。特に、社内派閥の動向やスキャンダル、倒産などの極めて重要な情報がいとも簡単に手に入るのだ。

仕事はちゃんとしているつもりでも、肝心なところでチャンスを逃すのではもったいない。タバコを吸わないまでも、組織内の喫煙者と仲よくして情報をもらったほうがよい。

喫煙者をあまりないがしろにすると、出世に響くぞ。

なぜ、裏から手を回すことが大切なのか

拉致問題を前進させたのはプーチンだった

二〇一二年九月、小泉純一郎総理の第一回訪朝から一〇年が過ぎた。節目ということもあり、首席秘書官として訪朝に同行した私も各メディアからいろいろ取材を受けた。当時のことを振り返ってみると、この一〇年間に日本の外交力が低下したことに気づかされる。

小泉政権下で「日朝平壌宣言」を発表し、拉致被害者五人とその家族の帰国を成し遂げたことは近年の日本の外交としては紛れもなく大きな成果だろう。以来政権は代わっても、拉致問題も核問題も前進していない。

訪朝実現には各国首脳との強い信頼関係が必要だった。

竹島問題、尖閣諸島問題では日韓、日中関係が危機に瀕している。小泉内閣が行った外交政策は、参考になるのではないだろうか。

尖閣諸島、竹島にしろ、二国間だけで問題を考えると、解決の糸口は見つからない。特に中国の海洋進出に対しては、アジア・太平洋地域の安定の必要性から、多国間のパワーバランスと安全保障といった複眼思考で封じ込めを図る必要がある。自分の領有権を主張するだけでは国際社会において喧嘩両成敗になるのが目に見えている。

日中は、戦略的互恵関係である。これは戦略的に互恵関係を結んでいるのであって、基本的には緊張関係、競争関係にあることを、民主党、外務省は理解できていない。対中・対韓関係で主導権を握っていくために、悪化している日米関係を改善する必要があるのはそのためだ。

「瀬戸際外交」という言葉がよく知られているように、北朝鮮という国は外交巧者として知られている。

核の所有などをちらつかせる一方、北朝鮮を訪問した外国の首脳、政府高官らに対しては華やかなマスゲームなどで徹底的にもてなす。北朝鮮はそうやって生き残ってきた。

この北朝鮮に対して、日朝の二国間だけで交渉を進めることは極めて難しい。小泉訪朝が成功した理由は、国際社会の後押しがあったからだ。

当時、小泉総理と米国のブッシュ大統領が非常に親しい関係にあり、米国から「テロ国家指定」を受けて追い込まれた北朝鮮が日本を頼ってきたということがまず第一点。

さらにブッシュ大統領との協力関係の陰で、中国と並んで北朝鮮寄りの大国であるロシアのプーチン大統領の援護射撃が大きかった。

北朝鮮との交渉が大詰めに入っていた二〇〇二年六月、カナダで開催されたカナナスキス・サミットの席上、ロシアのプーチン大統領から小泉総理に対して、翌〇三年のサンクトペテルブルク建都三〇〇周年記念祭と、フランスでのエビアン・サミットの日程が重なっているから困っていると相談されたことがあった。

シラク仏大統領は日本通で歌舞伎や相撲の大ファンでもあり、小泉総理とも個人的に信頼関係があったことから小泉総理が日程変更を直談判したところ、シラク大統領は了承。「それじゃあ、フランスで開くサミットを記念行事の翌日に変更しよう。そうすれば、みんなそのあと直接エビアンに来ればいい」ということになった。

大感激したプーチン大統領から「感謝に堪えない。公表できないがシベリアに金正日が来るので、何か協力できないか」と小泉総理に提案があったのだ。

プーチン大統領は、「コイズミは本当に信頼できる。二人で拉致問題を解決してほしい」と金正日に伝えてくれた。

カナナスキス・サミットでは、また、ドイツのシュレーダー首相の悩みをシラク大統領が小泉総理に伝える、という一幕もあった。

ちょうど日本と韓国でサッカーワールドカップの開催中で、ドイツは決勝に進んでいた。しかし、シュレーダー首相の夫人がドイツの政府専用機を使って先に帰国したため、首相自身が使う飛行機がなく、埼玉での決勝戦に間に合わない、ということだった。

シラク大統領は「コイズミが日本の政府専用機に乗せてやってくれよ」と言ったのだった。もちろん、私たちの答えはイエスで、シュレーダー首相は日本でワールドカップ決勝戦を観戦できた。

この試合でドイツはブラジルに敗れたが、シュレーダー首相は大感激で、前述のプーチン大統領と同様に「何かできることはないか」ということになったのである。

ドイツも北朝鮮と国交があり、シュレーダー首相も「拉致問題解決に協力するように」と北朝鮮側にプッシュしてくれた。

ロシア、ドイツの例は北朝鮮問題に協力してくれた首脳のごく一部だ。小泉総理は、在任中のほぼすべての首脳会談で拉致問題に言及している。

予定されていた議題に入っていなくても、相手国が北朝鮮問題に関心がなくても、拉致問題の重要性を訴えていた。

だから、サミット参加国はもちろん、アジア、ヨーロッパ、中東、アフリカの各国の

✕ 小泉政権以外の北朝鮮外交

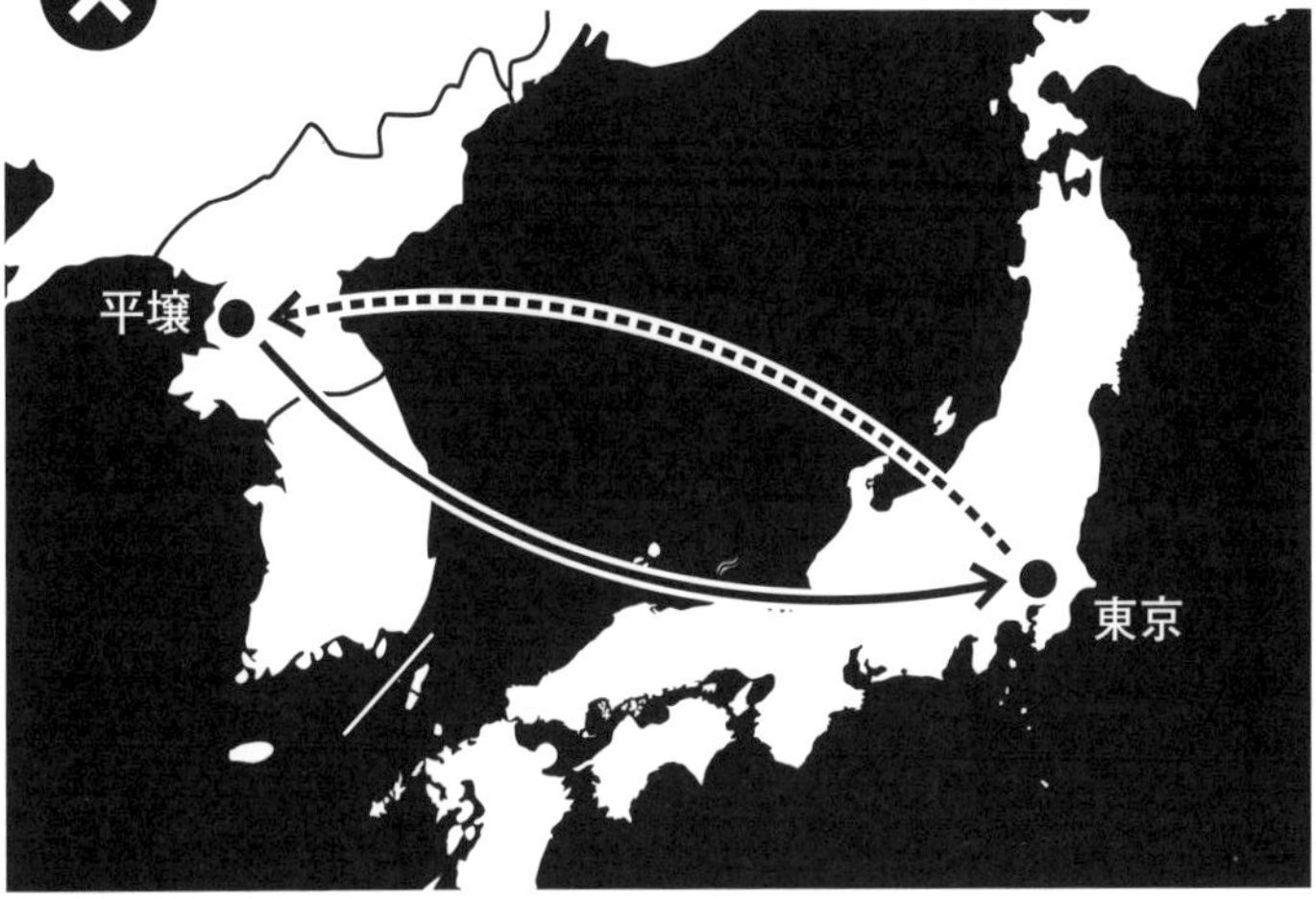

◎ 小泉政権の北朝鮮外交

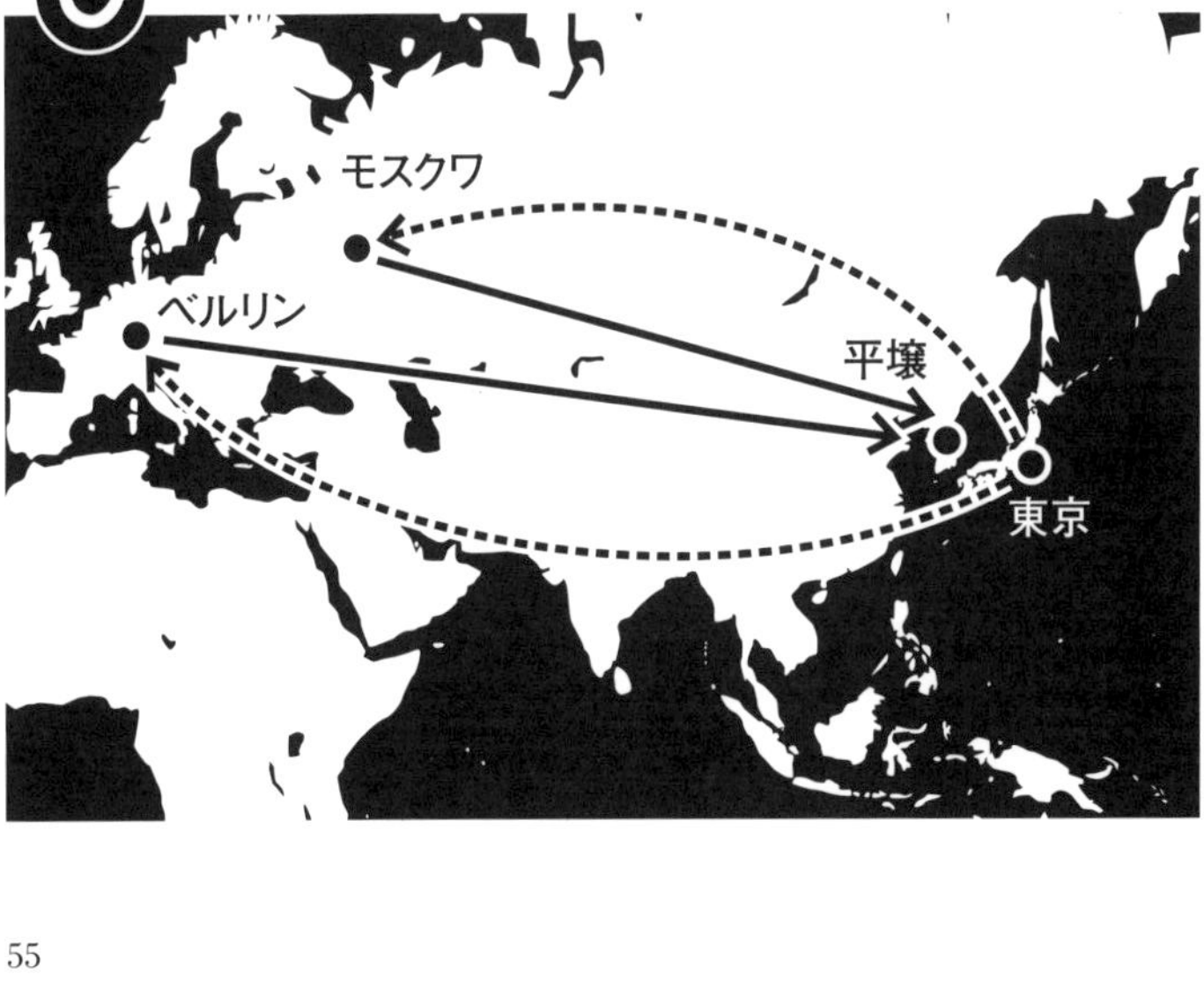

首脳たちはみな「日本と北朝鮮の間には拉致問題がある」と知っていたのである。
これが「首脳外交」の成果というものではないだろうか。

日本のカール・ローブか、日本のアーミテージか

小泉総理と当時の首脳たちの親しさを示すエピソードは多いが、英国のブレア首相の回顧録にも紹介されている話がある。

英国でのグレンイーグルズ・サミットが行われた二〇〇五年、米国のイラク派兵をめぐり、ヨーロッパでは英国と仏独などの対立が深まっていた。

フランスのシラク大統領が英国を指して「料理がまずい国の人間は信用できない」と発言したとされる報道が、英国で問題になっていた。

英国の料理が美味しくない、というのは、ヨーロッパではよく知られたジョーク（というか本当に美味しくないと思われている）だが、小泉総理はサミットの公式晩餐会で「ヘイ、ジャック（シラク大統領）英国料理はうまいだろ」と言いだした。

エリザベス女王もご臨席の晩餐会で、コース料理が順番に運ばれてくるたびに、小泉総理が「英国料理はうまいなあ」と大きな声で連発するので、テーブルは笑いに包まれた。

異様な盛り上がり方を不思議に思った女王が説明を求めたのでシラク大統領は面目を失ってしまったという。

リチャード・アーミテージ元米国務副長官（ＰＡＮＡ）

それでも小泉総理がシラク大統領と親しかったから、しこりは残らなかった。当時のサミット各国の首脳は本当に仲が良かった。小泉総理が、クラシックからポップスまで幅広い音楽に造詣が深く、映画等にも詳しく話題が豊富で、首脳たちの間で人気があったというのも大きい。

「本当にプレスリーが好きなのか」とか、「（ブッシュ大統領にもらった）『真昼の決闘』のポスターはまだ持っているのか」とか、外交以外の話題も多かった。あの強面のプーチン大統領まで「うちの娘も日本が大好きで」と話しかけてきた。

首脳たちの間で夫婦の寝室のベッドの配置について、という話題になったときもあった。小泉総理が「日本には布団という便利なものがある。ベッドと違って喧嘩しているときは離しておける」と話をしたところ、ブッシュ大統領から、「コイズミは独身だろ！」とすかさずツッコミが入った。

当時、米国の大統領専用機・エアフォースワンで、私はカール・ローブ氏と懇談していたことがある。

カール・ローブ氏は、ブッシュ政権下で次席補佐官、大統領政策・戦略担当上級顧問を務めた。その権力の強さから「影の大統領」とも揶揄されていた相当な実力者だ。選挙も強いという。

そこにブッシュ大統領と小泉総理がやってきた。ブッシュ大統領が、「コイズミ、あそこに座っているのが有名な『日本のカール・ローブ』のイイジマだね」と言う。「そんなことはありません」と私が恐縮していると、小泉総理は「ノーノーノー」と言ったあとに、頭部を指さし「ブッシュ、彼（の髪の具合）は日本のアーミテージだよ」と言ったので、機内は大爆笑となった。

北朝鮮交渉の一部始終

ミスターXの正体

小泉内閣時代の二度の訪朝が、国際社会の後押しによって実現したことは述べた通りだ。

たしかに拉致問題も、核問題もいまだに解決してはいない。小泉訪朝に対する評価が分かれることは私も認識している。それでも「日朝平壌宣言」と拉致被害者五人とその家族の帰国という成果は小泉内閣だからこそ可能だったと思う。

竹島問題、尖閣諸島問題で、日韓、日中関係が危機に瀕しているいま、小泉内閣の「外交力」を大いに参考にしてもらいたいものだ。あれから一〇年が過ぎた。もちろん墓場まで持っていかなければならないことも多いが、北朝鮮に一緒に出掛けた安倍総理のためにも、私が知っていることを明かしておこうと思う。

小泉総理の前任、森総理のころまでは、国交のない北朝鮮と交渉を持つ際は、日本の朝鮮総連を窓口に、朝鮮労働党と接触するというのが唯一のルートとされていた。

しかし、北朝鮮が「先軍政治」を掲げていることを考えれば、実質的な政府の中枢は「国防委員会」ということになる。日本国政府の内閣総理大臣のカウンターパートは、北朝鮮の国防委員会委員長でなければならない、ということに気づいた。

私は、プレジデントの連載でも何度か触れているが、総理大臣は政府のトップとしての「内閣総理大臣」のほかに三つの顔を持っている。「党首」（自民党の場合は総裁）、「国会議員」、そして「私人」。必要に応じて四種類を使い分けることが、円滑に政権を運営していくコツだ。

北朝鮮との交渉でも同様で、自民党総裁の小泉純一郎と労働党総書記の金正日が会談したところで、話は何も進まない。内閣総理大臣と北朝鮮国防委員長の会談であることが重要だった。

日本国内の報道では、金正日の肩書として「総書記」を使うケースが多かったが、官邸や外務省の報道向けの資料では、くどいほどに「国防委員長」を強調したものだ。

巷間伝えるところによれば、日朝首脳会談の準備は、外務省の田中均アジア大洋州局長（当時）と北朝鮮の「ミスターX」との間で進められたことになっている。「ミスターX」の正体として、さまざまな大物の名前が取りざたされたが、実際には中堅クラスのごく普通の官僚にすぎない。いわば単なるメッセンジャーだった。

田中氏は「ミスターX」などと、それらしい呼び名をつけることで相手を大物に見せようとしていたのではないかと推測している。

当時、田中氏は毎週、官邸に通って総理と面会していた。秘密裡に会うこともできるのに、あえて官邸詰めの記者たちに顔を見せて、新聞の「総理日程」に名前が載る形にした。

これは、北朝鮮側に小泉総理とのパイプの太さをアピールするための方策で、私も日程作りには協力した。北朝鮮側はこれで田中氏を信頼したのか、首脳会談までの下交渉はスムーズに進んだ。

残念なことに、田中氏はその後、この舞台裏を自慢げに明らかにしてしまった。田中氏が隠すべきだったのは、ミスターXの正体ではなく、小泉総理と頻繁に会っていたことが「演出」であるという事実だったのではないか。

北朝鮮側が事実を知らず、田中氏が小泉総理と本当に強い信頼関係にあると考えていれば、彼と北朝鮮とのパイプは切れずに、いまでも役に立っていたと思う。

小泉訪朝実現の本当のキーマンは、ある財界人の方だ。カーター元米大統領と金日成・正日親子の会談をセットできるほど北朝鮮への影響力が大きい方だった。

北朝鮮に出発する四日前、二〇〇二年九月一三日のこと。ブッシュ米大統領との日米首脳会談のため、ニューヨークに滞在していたわれわれのところに、この財界人を通じて金正日側の考えをまとめたファックスが届いた。そこには「拉致問題への謝罪」という文字があった。

あまりに踏み込んだ内容だったので果たして本気なのかと不安になり、北朝鮮側を試すために、難題を吹っかけてみることにした。

過去に北朝鮮が受け入れた外国の報道陣は、EU訪朝団の際に八〇人であることはわかっていた。そこで、小泉総理の訪朝ではそれを超える一二〇人の報道陣の受け入れを求めることにした。官邸や外務省の記者クラブに所属している記者だけでなく、週刊誌やスポーツ紙など、北朝鮮が嫌がりそうなメンバーも入れた。さらにEUのときには北朝鮮が断ったという携帯電話の持ち込みも求めた。

驚くべきことに、北朝鮮はこの要求をすべて受け入れた。これで金正日が本気だということがよくわかった。

余談だが、北朝鮮が納得したにもかかわらず、官邸と外務省の記者クラブ加盟社は、私の考えも理解せず、イレギュラーなメンバーが増えることに激しい拒否反応を示して、阻止しようといろいろ画策していたようだ。

小泉訪朝以前、永田町では北朝鮮に関するさまざまな伝説がささやかれていた。「訪

二回目の訪朝での記念写真。両首脳の真ん中に飯島氏の顔が（ＰＡＮＡ）

朝した政治家は会談前に激しい腹痛に襲われる」「気がつくと裸の女性が隣に寝ていて、一緒に写真を撮られた」など、真偽のほどは定かではないが、われわれに対してもどんな工作が仕掛けられるかもわからない。慎重に準備を重ねて当日を迎えた。

北朝鮮側からは当初、豪華な食事でもてなしたいという申し出があったが、丁重にお断りして、「会談は日帰り」という方針を貫いた。日本からＪＡ（農協）のおにぎり弁当を持ち込んだ。小泉総理は具のない塩むすびが好きだったから、非常に安く済んだことを思い出す。

同行の記者団にも「日帰りだから、現地ではできるだけ食事をしないことを勧める」と伝えた。前日入りしていた一部の記者が腹痛を起こしていたというから、われわれの配慮も決して杞憂ではなかったのだろう。

先方には昼食はいらないと伝えていたにもかかわらず、控え室に入ると、豪華なフランス料理が用意されていた。われわれ官邸側のスタッフはもちろん手を付けなかったが、外務省の若い担当者が何も考えずに食べていた。

総理のこの会談にかける思いが、外務省の末端にはまったく伝わっていなかった。今後改善すべきと考え、とりあえず証拠写真を撮っておいた。

平壌での記念写真

写真といえば、二〇〇四年の二回目の訪朝で、小泉総理と金正日が握手している真ん中に私の顔が写っている記念写真を撮られてしまった。両首脳の間にいる私の存在感が異様だといわれたが、あれは、完全に北朝鮮側に嵌められたもので、私の意志で中央に立ったわけではないことを強調しておきたい。

写真撮影のときに、やたらと立ち位置を細かく指定するのが不思議だったのだが、帰国後に新聞に載った写真を見て非常に驚いた。

訪朝で私にかけられたもう一つの疑惑「マツタケ事件」についても、あらためて弁明しておく。

初回の訪朝の翌日、日本テレビで「お土産としてマツタケ二トンを受け取った」とマツタケの絵が入った段ボールの映像とともに報道されたことがある。

その後、外務省幹部が内密にマツタケパーティーを開いたとか、有力政治家にマツタケを配ったとか、話が膨らんで国会で野党に質問されるような事態になって困ったが、小泉総理の訪朝に関しては一度もマツタケは見ていない。

確かに北朝鮮がマツタケを外交に使うことはある。金丸信氏の訪朝団は、お土産にマツタケをもらってきて、私もおすそ分けしてもらった。しかし、あのときは絶対にもらっていない。

マツタケのようなデリケートな食品を段ボールに密封して運ぶことはあり得ない。もしも入れたとしても、貨物室のない政府専用機にマツタケを積んだら香りで絶対に気づいたはずだ。

プーチンに直談判するぞ

「二島なら返す」は真意ではない

二〇一二年五月七日、プーチンが、再び大統領に就任した。同年三月四日のロシア大統領選でプーチン首相が六〇％以上の得票率で圧倒的勝利を収めた結果である。

大統領選の結果が日本のマスコミで大きく取り上げられたのは、プーチン自身への関心の高さはもちろんだが、投票直前の外国メディアとの会見で北方領土問題に言及したからだろう。

少なくとも六年間の大統領の任期中、ロシアを治めることが決まっている最高権力者が、北方領土問題について「最終的に解決したいと強く願っている」と述べたのだ。

柔道家のプーチンが「引き分け」という日本語を例に挙げたことから、ロシア側は二島返還での解決を求めていると受け取り、警戒を強める向きも多いが、私は進展を期待したい。

「二島なら返す」というのはプーチンの真意ではないと思う。

実は、小泉内閣当時にも、プーチン体制下で北方領土問題が進展するという期待があった。私の情報では、プーチン自身は乗り気だったようだが、議会の承認が得られず断念したということだった。

北方領土問題に対する前向きな発言が出たということは、議会対策にかなりの自信を持っているのではないかと推測できる。ということは、日本側さえ対処を間違えなければ、北方領土問題を前進させることができるはずだ。

ロシア大統領選挙について、プーチンは相当な苦戦を予想していた。一回目の投票では決着がつかず、決選投票に持ち込まれる心配もあったが、第一ラウンドで過半数を制する見込みが立ったため、つい本音が出たというのが「北方領土」発言の背景ではないだろうか。

もちろん、前回の大統領就任時と比較すれば支持率も下がり、アメリカが加担した反プーチン派の活動も盛んになった。しかし、ロシアの将来を考えてプーチン政権の弱体化を望む国民は少なかったのだ。

余談だが、二〇一一年、欧州が仕掛けた「メドベージェフ大統領続投」が、ロシアの支配層にアプローチしたことと比べると、米国と欧州のインテリジェンス風土の違いを私は感じた。

プーチンは、世界の勢力バランスを考えている。まずアメリカ、そして中国を封じ込めることで、自国の権益を拡張させていくのだ。

一見ロシアにとって何のメリットもない北方領土の返還で、中国の封じ込めと極東開発を企図している。ズバリ、これがプーチンの本音だ。

プーチンの極東への関心を一番よく示しているのは、一二年九月のＡＰＥＣ首脳会議の場所をウラジオストクに設定したことだ。

各国首脳が集まる際の設備、警備体制などを考えれば、自分自身の出身地でもあるサンクトペテルブルクか、首都のモスクワでやるのが妥当だ。そのほかに候補地となりそうなのは、一四年に次の冬季五輪が開催される黒海沿岸のリゾート地、ソチくらいだ。

そこを、あえて極東の小さな港町、ウラジオストクにした。首脳はともかく、各国外務省の担当者や、プレス関係者が泊まれるだけの宿泊施設はなかった。

宿泊施設が足りない町で大規模な首脳会議を開くことができると、プーチンが判断したのは、〇一年、イタリアで開催されたジェノバ・サミットを経験したからだろう。

小泉首相とプーチン大統領の初めての首脳会談も、このサミット期間中に行われた。あのときは、アメリカの代表団だけが陸上のホテルに宿泊したが、他の参加国は首脳も随行員も、すべて停泊中の客船に泊まった。もちろん私も船中泊。同行記者もすべて船だった。記者によってはまったく窓がない部屋に当たった人もいてかわいそうだった。そして首脳全員が出席するメーンの会議以外の、各国のバイ会談も船で行われた。小泉・プーチン会談も海の上だった。プーチンはこのときの経験から、ウラジオストクでも大丈夫だと決断したのだと思う。

結局、会議場もホテルも新しいものがAPECに間に合うように建設され、プーチンの力が見せつけられた。

プーチン次女がディズニーランドに

ウラジオストクで開催された、ということ自体が、APECの議題とは別に重要な意味を持ってくるだろう。

いろいろな不備を承知のうえで、ウラジオストク開催を決めたのは、ロシアの将来を考え、人口の少ないシベリアの開発、インフラ整備を進めたいという強い意志からだと推測できる。

そのためには、極東の拠点としてのウラジオストクの都市基盤の充実が必要になってくる。

プーチンは、日本の経済力、技術力に対して大きな期待を持っている。日本は、インフラ整備については、あらゆる分野に高度な技術とノウハウを持っており、これを活用しない手はないからだ。距離的にもロシアの中心であるモスクワやサンクトペテルブルクよりも、日本のほうが圧倒的に近い。

私はシベリア鉄道を北海道まで延伸して日本とユーラシア大陸を直接つなげることをプーチンに提案し、同意を得た。実現すれば、世界の物流が変わり、日本とヨーロッパが直接鉄道で結ばれる。

しかし、鉄道がつながっただけでは、ロシアにはうまみがない。人口が極端に少ないシベリアはマーケットとしては魅力が少なく、単なる通過点になりかねないからだ。日本の資本を素通りさせないための拠点の一つとなるのがウラジオストクだ。

ロシアの歴史を紐解けば、ピョートル大帝がサンクトペテルブルクを「欧州の窓」として建設したように、プーチンは「アジアの窓」として、ウラジオストクを建設して、太平洋への玄関口としたいのだ。

ウラジオストクの開発が進めば、日本経済にも大きな変化がある。いま、日本の大都市は太平洋側に集中しているが、日本海側に大きな港を持つ都市の可能性が広がる。

ロシア、中国、韓国と、いま経済に勢いのある国との取引に有利な地理的条件を備えている。日本列島が鉄道でユーラシア大陸とつながることに加えて、日本海の海上交通も活発化すれば、日本国内の経済地図も書き換えられることになる。

プーチンの思惑通りに計画を進めるための障害となるのが、北方領土問題であることは容易に予想できる。日本政府が一番重視しているのは北方領土問題だからだ。

日本の支援を引き出すため、まずはこの問題を解決したい、実利を得るためには柔軟に対応したほうがいいと、プーチンは考えたのではないだろうか。

日本の外交政策にとって一番重要なのは日米同盟であることは揺るがない。しかし、いま世界中の指導者を見渡してみれば、日本のことを一番よく理解しているのはプーチンといってもいい。

本人も柔道家で日本文化に触れていることはよく知られているが、リュドミラ夫人と次女のカテリーナさんも親日家。特にカテリーナさんはお忍びで四回来日し、東京ディズニーランドなどで遊んでいることを私は確認した。

これまでメドベージェフ大統領は、北方領土の視察を行ったり、北方領土に中国や韓国の企業を誘致しようとしたりと、日本への挑発を繰り返してきた。日本との協力関係を深めたいプーチンはメドベージェフのやり方にうんざりしていた。

日本側がプーチンの意図を読み間違えなければ、確実に協力関係は進むと見ている。

日本側も外交力に疑問符がつく政府だけではだめだ。経団連を中心に財界が主導して政官民が一体となって対応することが望ましい。私は、その先駆けとしてプーチン大統領に直談判しに行きたい。

ウラジオストクは、ロシア語で東方を征服せよの意味を持つ。金角湾と呼ばれる天然の良港を抱き、丘が連なる坂の町だ。帝政時代からの建物が保存され、「東洋のサンフランシスコ」と呼ばれる(ウラジオストク日本人会HPより)。ウラジオストクの町並み。(PIXTA)

スキャンダル記事の消し方、教えます

メディアを利用して都合のいい情報発信

読者の中には「今度の案件は大きな仕事になる。新聞に掲載できるようにしてほしい」という上司からの無茶ぶりを受けて途方に暮れた経験がある人がいるかもしれない。

毎日膨大な情報が掲載される新聞の紙面を確実に押さえることは、日本を代表する大企業であっても並大抵のことではない。逆に、自社のネガティブな情報が際限のない報道で血祭りにあげられることは防ぎたい。一体どのようにすれば、メディアを利用した都合のいい情報発信ができるのだろうか。

知り合いの新聞記者は、このように話す。

「ニュースリリースは一時間に一〇〇枚程度送られてくることもザラです。手分けしながらすべてに目を通します。その中で採用のポイントは『新しい』ことです。具体的には新製品、新サービスという言葉を使いましょう。世界一、業界一という謳い文句をつければなおいいです。さらに、案件の金額も大きければ大きいほど掲載しやすいですね」

ニュースリリース時の基本を踏まえたとしても、ライバル社も同じように新規性や独自性を意識した表現を心がけた場合には差別化が再び難しくなる。

そのため、ライバルのニュースリリースを出し抜いて、自社記事で紙面をいっぱいにするために独自の追加的な工夫が必要になってくる。

例えば、小売店Aの初夏のバーゲンセールが五月二〇日開始で、小売店Bのセール開始日が六月一日だったとしても、小売店Bが五月一八日にセールの記念セレモニーや社員の決起集会を開催すれば、小売店Bを取り上げることになる。実際のセール開始日でなくてもいいことを考えれば、各社の広報担当者の知恵比べなのだ。

社員による決起集会であれば、その日にでも準備ができる。ライバルの出方を慎重に見極めなくてはならない。

不祥事を公表しても報道されない方法

自社に都合が悪い不祥事を公表せざるを得ないとき、神様に祈るような気持ちで公表した記者会見で、新聞に大きく掲載されては目も当てられない。自社にとってはできるだけ小さな記事として掲載されること、可能であれば公表した事実だけが残って報道されないことがベストである。

どうしても公表せざるを得ない不祥事による自社イメージへの被害を最小限に食い止めるための方法はあるのだろうか。

興味深い記事が「経済広報」（二〇〇九年八月号）に掲載されている。湯浅健司日本経済新聞社編集局産業部長（当時）が「企業広報に望むこと」として、「発表のリリースなどの配布のタイミングで最も困るタイミングは、午後一時半ぐらいのリリースだ。夕刊に入らないこともないが、扱いが小さくなる」と、語っている。

つまり午後一時半は、掲載してほしい情報にとっては最悪の時間帯だが、なるべく掲載してほしくない情報を発信するには絶好のタイミングということがわかる。

一度でも夕刊で報道された内容の記事は情報の価値が低下するため、次の日の朝刊での扱いがどうしても小さなものにならざるを得ない。つまり、自社のネガティブな記事が夕刊のベタ記事で済む可能性すらあるのだ。

最近では電子版が普及してきたため、以前よりもタイムリーに記事化されるようになっており、意図に反して情報が広がってしまう可能性は増えている。しかし、やはり紙面という観点で捉えればこの時間に公表することは一つの方法だろう。

「一般的に企業発表は金曜日に集中することが多い。おそらく一週間社内調整を行った結果を公表しているからでしょう。そのため、金曜に情報を発信しても紙面はギューギューで記事が掲載されにくい傾向があります」（前出新聞記者）

では、裏を返して、企業からの発信情報が最も少なくなる情報の谷間を知れば、自社記事を増やせるということになる。

休日の出来事を伝える日曜と月曜の紙面は情報が少なく、新聞各社は紙面を埋めるために四苦八苦している。このタイミングを狙って、官公庁から観測気球的記事（今度どうなるか現時点で不明だが、官公庁が世論の動向をみるために流す記事のこと）が大きく掲載される。民間企業もそれにならって土日に発表するといい。

ただし、新聞記者の平均睡眠時間は三時間程度のため、土日の記者は平日の激務に備えて寝溜めしていることが多く、内心では喜んでいないだろうがしょうがない。

実際に、二〇一二年四月一日（日）に行われたイオンの入社式は、写真入りで大きく取り上げられている。ここでのポイントは、闇雲に「日曜開催」とするのでなく、「今年はたまたま四月一日が日曜だったから」と理屈をつけることだ。

合理的な理由があれば記者にも下心を怪しまれずに済む。日曜、月曜の紙面を狙うとなると発表は土曜か、日曜である。発表する側も発表される側も休日対応しなければならない羽目になるが、絶好のタイミングである。

大きなニュースは、ズバリ午前一時に発表する。この時間に発表すると、新聞記者がほとんど裏付けや反論をする余裕がないままに、朝刊一面に発表がそのまま載ることになる。逆に、スキャンダル記事を消し去りたいなら、あらかじめ新聞の休刊日を調べておいて、その前日に堂々と発表すべし。文字通り記事は消えることになる。

ライバルがイベントを予定しているときは、その日により大きなニュースを流すことができれば、相手の記事掲載を消したり、小さくすることができる。限られた市場の中で、相手のマイナスは、自分のプラスと心得て広報活動をすべきだ。

情報発信が思い通りにいかないと嘆く前に、新聞・テレビ、そしてライバルの弱みを考え抜くことが肝要なのだ。

就活で一番行ってはいけない会社とは？

なぜ、私は就職先に〝小泉純一郎〟を選んだか

私は秘書を辞めてからの五年間、客員教授として駒沢女子大学にお世話になってきたが、二〇一二年三月末で退任した。

アフリカ、中東、ロシア、中南米など海外での活動の場が増えたこともあり、前期一五回、後期一五回の一講義九〇分という授業のスケジュールを確保するのが難しくなってきたのだ。

大学側からは「飯島さんの授業で、学生の目が覚めてきている。新聞を読み、ニュースを知り、授業を聞く態度が変わり、質問も活発にするようになった。こういう授業は珍しい。何とか続けてほしい」と慰留された。

私も短期の集中講座くらいならやりたいと考えていたが、内閣参与になったことで、難しい状況となってしまった。非常に残念だ。

駒沢女子大での私の講義は三年生以上が対象で、「プレジデント」の連載をテキスト

にしていた。

卒業に必要な単位を取り終えているのに、まだ聞きたいという学生もいて、朝九時からの講義がいつも満席だった。

不思議なことに、学内では「飯島の講義を受けると就職できる」と評判になり、毎年九〇人の枠が抽選になるほど人気を博した。

今回は、就職活動について述べたい。

私の講義を受けられるのは三年生以上で、すでに就職活動を始めている時期だから、就活に直接的な効果はない。私の講義内容が生かされるとしたら、皮肉にも、内定を取るのに苦労した学生だけということになる。

大学では一、二年生で一般教養の必須科目の授業を受けることが多い。本当に自ら希望する分野を学び始めるのは、三年生以上になってからだ。しかし、そのときにはすでに、就職活動を始めなければならなくなっている。

社員として採用する企業の側から見れば、「大学で何を学んだか」が学生を選ぶ判断基準にまったく入らないということになる。

容姿と大学の偏差値だけで勝手に決めているのが現実だ。

私が客員教授として五年間見てきた経験からいうと、学生の意識や雰囲気が変わって

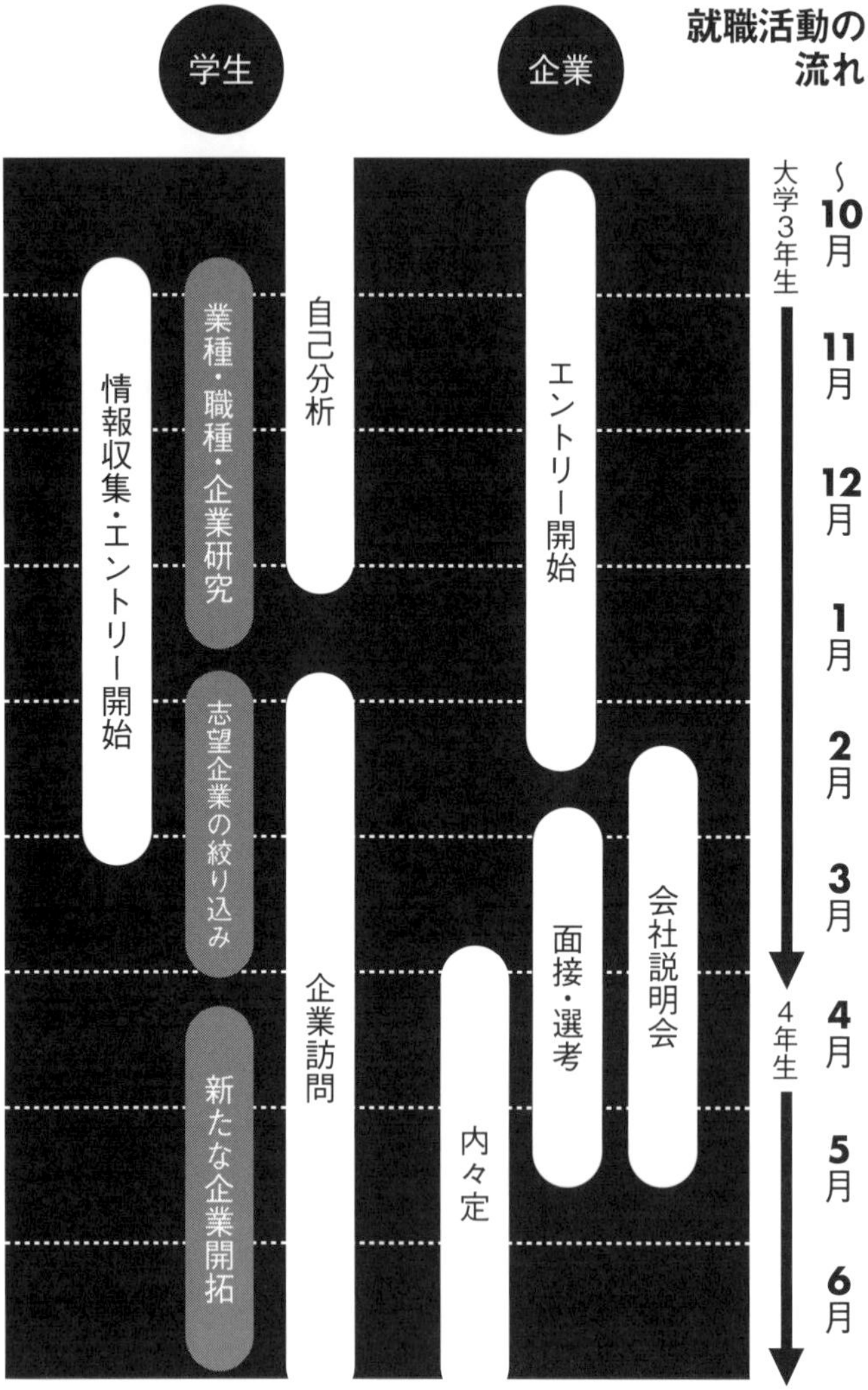
就職活動の流れ
学生
企業
~10月
11月
12月
1月
2月
3月
4月
5月
6月
大学3年生
4年生
情報収集・エントリー開始
業種・職種・企業研究
志望企業の絞り込み
新たな企業開拓
自己分析
企業訪問
エントリー開始
面接・選考
会社説明会
内々定

くるのは四年生になってから。この状態を見ないで採用を決める現在の企業採用はやはりおかしい。

昔の採用は四年生が対象で、どの教授のゼミに入っていたかというのが、一つの採用基準になっていた。

例えば、政府税制調査会会長を長く務めた慶応大学の加藤寛教授（故人）のゼミにいた学生なら、大手都市銀行や証券会社は安心して採用することができたようだ。

学生本人の能力が未知数であったとしても、教授の理論や、ゼミでの厳しい経験を通して「このゼミの学生なら、うちの会社に必要だ」と判断できる。

最近の三年生は、就活を優先して、厳しいゼミに入らない。

×
カリスマ社長率いる新興大企業

○
歴史があって、自分の裁量が大きい零細企業

当たり前のことだが、容姿に優れ、学歴の高い人間が、就職活動には有利だ。出世にも、異性へのPRにも有利だろう。

しかし、彼らが挫折を味わっていないのも事実。あえて採用時期をずらし、就職活動に失敗した人間に光を当てれば、辛抱強く、困難に立ち向かう人材が獲得できるのではないか。

学生のほうも、そこであきらめるのではなく、バカはバカなりに、ブスはブスなりの活路を開く。

考えてもみてほしい。出世には、仕事の力量よりもヨイショやゴマスリが勝ったりする。どんなに努力しても、どんなに手際よく仕事をしていても、上司から、正当な評価を受けることなどほとんどないのが現実だ。

そうであるならば、いまは零細企業だとしても一〇年、二〇年経ったときに大きく成長している組織で、自分が重要な位置を占めることができるかを見極めるのが大事だろう。

一番よくないのは、創業者であるカリスマ社長が経営している大企業だ。社長退陣後に、早晩傾く可能性が高い。

いまは人気があっても、そのような企業は一生働くだけの価値はない。

私が小泉純一郎事務所に入ろうとする前、名の知れた大物政治家や選挙基盤が盤石の政治家にも秘書の口があった。

しかし、私は当時落選中だった若手の小泉純一郎事務所を選んだ。小泉氏の将来性と、同じ秘書をするなら事務所がゼロからスタートしているほうがいいと考えたからだ。

なぜ、授業で手を挙げさせるか

思うようなところに就職できなかったとしても腐らないほうがいい。

駒沢女子大の卒業生の一人は、大学卒業後、インテリア関連企業に入社したものの数年で退社。その後派遣社員になって、一部上場企業で働くことになった。

派遣先の支店で「すごく優秀な派遣社員がいる」と評判になり、役員室に報告が入り、正社員として雇用。珍しいケースなので本社が注目していたら本当に仕事がよくできるので、支店に置いておくのはもったいないと、あっという間に本社に異動し、専務付きの秘書になったという。

本人からすれば、派遣社員であっても、きちんと順序だてて自分のキャリアを必死で考えたのだろう。だからこそ結果が出た。

最近の就職活動で、もうひとつ改善してもらいたいのが、手書きによる文書の提出だ。とりわけ履歴書を手書きに変えたほうがよいのではないか。

私は秘書時代から、就職についての相談を受けていたが、二〇年くらい前は履歴書の書き方から徹底的に指導したものだ。

それは履歴書には、記入された内容以外にも、人柄を表す情報がたくさん含まれていたからだ。インターネットの普及が進むにつれて、メールで履歴書を提出させたりする会社が増えているが、パソコンの文字からは、何の情報も得ることができないだろう。

文字は、人柄を表している。せっかちな人、神経質な人、学生気分の抜けていない人など、手書きの文字を読めば一発でわかる。

さらに、履歴書には写真を貼ったり、印鑑も押したりしなければならない。

実は、これはバカにしてはいけない大切なことだ。写真をきちっと貼れると、この人が将来総務に行って収入印紙をうまく貼れるかな、と期待ができるし、逆なら採用は見送ったほうがよいだろう。高いものだと一〇万円もする収入印紙を破かれては大損害だ。

印鑑は、霞が関では特別な意味を持っている。官僚の世界では、上司に反論したい場合など、口に出すと左遷される危険性があるので、書類に判を押す際に、所定の位置にきちんと押さずに、斜めや逆さに押すことで無言の抵抗を示すことがある。

印鑑をきちんと押せない人は、私が面接官なら将来会社の不穏分子になるのではないかと、不吉な予感がしてしまう。

私は社会に出ても十分世間と渡り合える人材を輩出しようと、微力ながら駒沢女子大で教壇に立ってきた。

その一つが、私に質問する訓練だ。近頃の若者に顕著だが、目上の人間と話すことに苦手意識を持っている。

しかし、組織において一番大切なのは、コミュニケーションだ。目上を恐れて何も言えずにうつむいているのでは、卑屈になるばかり。目上の立場からしても、それでは困ってしまう。

そこで私は、学生に向かってこう言うことにした。

「私に質問するのは訓練だ。授業に関わりのない質問でもいいので勇気を持って手を挙げなさい。そうすれば就職しても、支店長だろうが、社長だろうが、意見を言えるはずだ。『小泉総理の首席秘書官で、とっても怖い飯島勲さんに毎回手を挙げて質問しました』という自信を心に持つことがどれほど重要か、わかってほしい」

目上の人間を心の奥底でなめてかかるぐらいの余裕が生まれれば、人生の一番大切な場面で実力を発揮できるものだ。だから毎回講義の終わりに三〇分間質問を受けることにした。

ついには質問の内容に困ったのか、「奥さんといつ知り合ったんですか。どういうところで」などという学生が出る有様。どんな質問にも答えるなどと、約束しなければよかった。

なぜ、私は孫正義の可能性を信じないか

チャンチャラおかしい「メガソーラー構想」

原発の再稼働をめぐって、国も地方も揺れている。

二〇一二年夏、大飯原発の再稼働をめぐっては、野田首相が再稼働を指示、脱原発と騒いでいた大阪市の橋下徹市長も少しは大人になって容認に転じた。報じられることはないが、橋下の再稼働容認は大阪における中小企業の必死の陳情が実ったものだ。

これに対して常に「ボールは国側にある」「原発の安全性は国の責任」と言い続けて地元自治体のトップとしての責任から逃げ続けた福井県の西川一誠知事。原発への依存度が高い関西の事情を理解せず、再稼働に反対した後で容認に転じても「夏季限定」などとぐずぐず言って再稼働を遅らせる滋賀や京都の知事たち。

目先の人気取りやマスコミ受けをよくするために、住民の生活を守るという地域のリーダーとしての最優先課題を見失っていた。

また電力に不安を抱えたまま夏がやってくる。電力への需要はさらに高まるだろう。

日本の電力供給のあり方について整理しておきたい。

潤沢な電力供給があっての産業だ。産業あっての日本である。

この点から考えて原発はまだまだ日本に必要だ。脱原発を唱える人々は、風力や太陽光などのいわゆる自然エネルギーをもって安価で安定的な電力供給が可能だと誤解しているのではないだろうか。

そして、この誤解を助長したのが、ソフトバンクの孫正義社長によるメガソーラー構想だろう。

「原子力が嫌だから自然エネルギーにする」と言っても、簡単には設備が整わないから、とりあえず火力に頼らざるを得ない。その分燃料費が電気料金に上乗せされる。

そのうえ孫社長の主張のままに決定した一キロワット時四二円というとんでもない割高な固定価格が上乗せされた。

「脱原発先進国」として喧伝されているドイツでは、自然エネルギーの推進と国内の太陽光パネルメーカー育成の目的で固定価格買い取り制度を導入したものの、フタを開けてみれば、安い中国製のパネルがドイツの屋根にのっているという事態に陥った。

太陽光発電でも値下げを求める声に押されて、買い取り価格は年々下落し、最近では一キロワット時二〇ユーロセント（約二〇円）程度だという。

日本の四二円という価格は、欧州では二〇円程度の電気を二倍以上の価格で買わされる計算で、孫の「日本の電気料金は高い」という主張と矛盾するし、このままではドイツのように一世帯につき月一〇〇〇円の負担増になる。

民間企業が国庫からお金を簒奪するべく蟻のように群がり、それをマスメディアは賞賛する。この国は本当に大丈夫なのか。

さらに太陽光発電の不安定さも忘れてはいけない。

毎年、梅雨明け間近に起きるゲリラ豪雨を思い出してほしい。一瞬で晴天から雨になると、発電量も急にほぼゼロになる。

頼りにならないメガソーラー

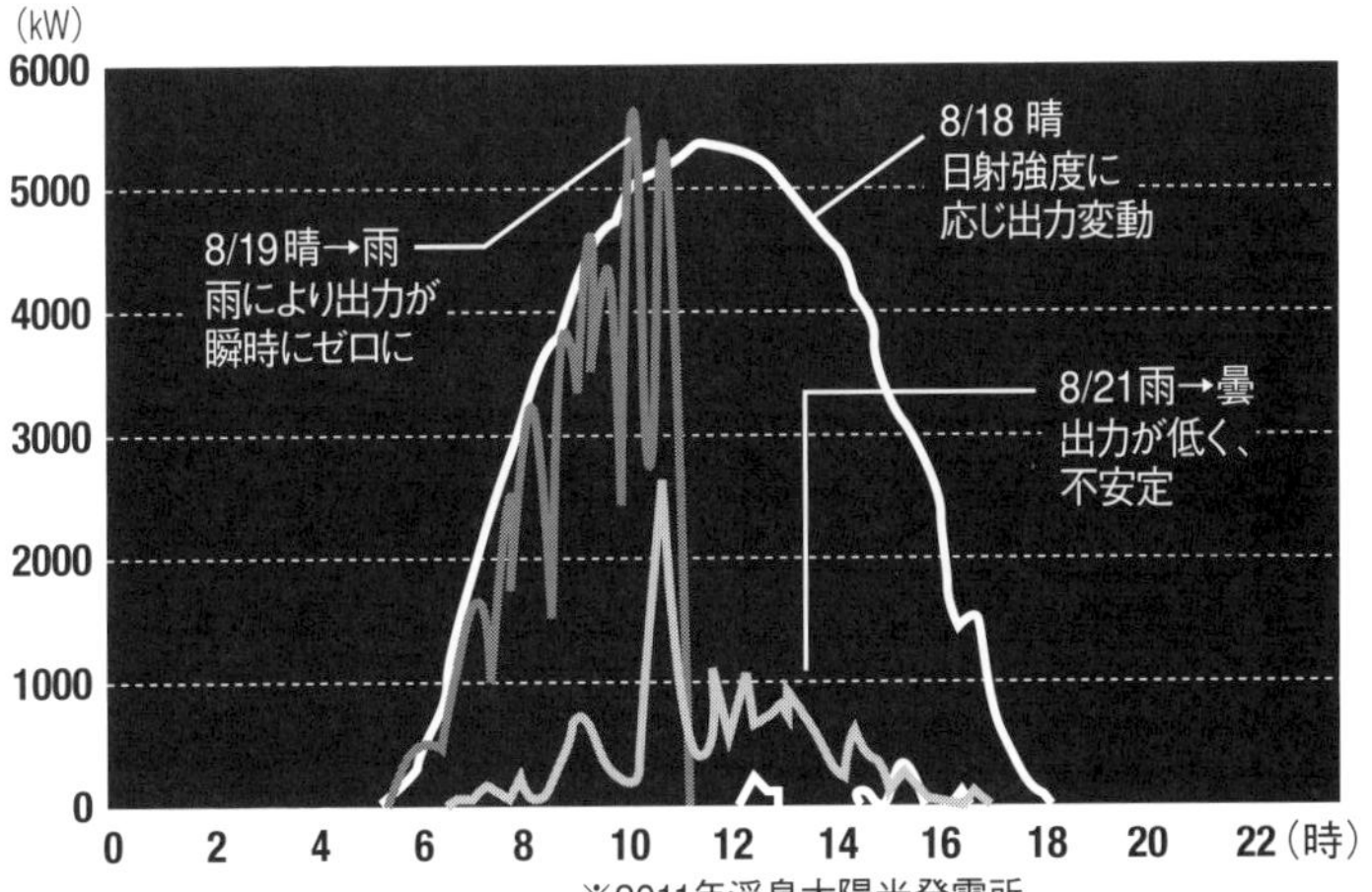

※2011年浮島太陽光発電所

夏の豪雨で大規模停電が起き、東京中の冷房がストップしたとしても孫が責任を取ってくれるとはとても思えない。

電気はあらかじめつくり置きできないので、その安定供給のためにコストがさらにかかり国民負担は増える。

孫は二〇一一年九月に自然エネルギー財団を設立した際「総括原価方式および地域独占が、日本の電気料金が高い原因である」と発言している。

しかし、この認識は間違っている。総括原価方式とは原価から価格を決める方式のことだ。電力だけでなく、ＪＲや水道・ガスのみならず公益性の高いほかのインフラ産業や諸外国でも広く採用されている。ちなみにＮＨＫの受信料も総括原価方式だ。

論点は、東京電力が非効率な企業体で、不当に電気の小売価格が高いか否かであるが、判断には実体に基づくデータが必要であるので、印象や思い込みでは語れない。

電力市場には他の業種と同様の市場原理が働かないという側面がある。

そもそも「電力」を製品として考えたとき、エジソンの時代からまったく品質が変わっていない。製法が進化してきただけだ。

だから消費者側にとっての選ぶ基準は「品質・サービス」ではなく「安さ」になる。

自由化しても既存の設備を多く持つ大企業が圧倒的に有利になるため、あっという間に寡占化が進む。

しかも公共サービスということで政策的な介入がしばしば入る。自由市場としては不完全で、健全な競争は不可能だ。

電力を自由化すれば安くなるとして送電線を増やしても、土地の買収や送電用の鉄塔の建設に一〇年、二〇年かかるうえに、何千億という単位の金額がかかるため、さらに電気料金が上がる。

発電と送電を分離すれば新規参入を促せるというのは机上の空論で、決して電力は安くならない。

例えば、米国では発送電を分離した一六州とワシントンＤＣのほうが、非自由化の二〇州よりも電気料金がずっと高い。

戦前の日本では、大小さまざまな電力会社が乱立し過度の競争が起こり、電力供給が不安定になった時期がある。

戦後、いまの地域独占の電力会社が設立され最適に電気が供給されるよう発電所・送電線等が整備されてきた。

地域をまたいだ送電線の容量が大きくなく電力融通が活発化してこなかったのはこうした歴史的経緯が一因である。

「高すぎる、震災後不通」は電力か、ソフトバンクか

新規参入を阻む原因として設備投資へのリスクが非常に高いという面も指摘しておきたい。

今年の夏に電気が不足しそうだからといって簡単に発電所や送電線を増強できない、というのが「電力」という製品だ。

新しい電力会社が設備を増強するには、一〇年あまりの期間と膨大なお金を要する。例えば東京都の猪瀬直樹知事は効率のいい新しい火力発電所を新設しようと動いているが、地域住民の理解を得て環境アセスメントの手続きをすることを考えると、完成するのは早くて五年後。

発電所ができたそのときに現状と同規模の電力が必要とされているかはわからないし、価格競争をすれば東京電力に負けることは容易に予想でき、政策的に都の発電所に優遇措置が行われるだろう。

その優遇措置にともなうコストは結局国民の支出である。

「東京電力は悪」という結論だけが先行し評論家がいろいろと屁理屈をこねているが、資源のない日本にあってこれまでの電力供給体制は世界で一番だった。

それが一〇〇〇年に一度の大震災で世論が浮き足立ってしまった。東京電力を擁護すると世間から抹殺されかねない雰囲気だが、私は震災から復旧まで彼ら社員たちは不眠不休でよく頑張ったし日本で一番優秀だと断言できる。

一〇〇〇年に一度の災害へのリスク管理を一企業の責任にするほうがおかしい。悪いのは当時の官邸だ。

震災から学ぶことも多いが、結局いままで通り安定供給を確保しながらゆっくり自由化していく以外にない。

孫は「電力事業の競争促進については、通信事業を参考に」と言うが、競争が進んでいるはずの携帯料金が下がっているとはとても思えない。

そういえば震災直後のソフトバンクの携帯電話は役に立たなかった。

商売上手だから設備や安全といった儲からない分野への投資には二の足を踏むのだろう。

孫が目指すメガソーラーによる電力事業は「使用料金が下がらない」「イザというとき役に立たない」ものだ。どこかソフトバンクに似ている。脱原発、自然エネルギーと騒ぐ孫正義のはしゃぎぶりを見ると、チャンチャラおかしくてヘソが茶を沸かす。

孫正義の発言を総点検！

	孫正義の発言	飯島勲のコメント
1	総括原価方式および地域独占が、日本の電気料金が高い原因である（自然エネルギー財団設立時プレゼン 2011/9/12）。	総括原価方式とは、原価から価格を決める方式のこと。JR や水道など公益性の高いインフラ産業で広く採用。論点は、東京電力が非効率な企業体で、電気の小売価格が不当に高いかであるが、客観的データからそれは間違いである。
2	地域独占により、電力融通は硬直化している（自然エネルギー財団設立時プレゼン 2011/9/12）。	電力融通は電気の特性から世界中で硬直化しており、地域独占の弊害だけをとりあげるのは不公平。さらに日本では安定供給を前提に段階的に電力の自由化が進んでいることにも留意すべき。孫正義は JR や水道にも同様に文句をつけているのか。
3	発送電分離は世界の潮流である。OECD 加盟国のうち発送電分離未実施国は日本とメキシコのみ（国際シンポジウム「REvision2012」開会挨拶プレゼン 2012/3/9）。	発送電分離を所有権分離とイメージして世界の潮流というのは誤り。競争条件を確保する手段は所有権分離以外にもあり、各国・各地域の実情に応じて選択されている。日本も、米国の一部で採用されている方式と同様に会計分離と行為規制を実施。
4	電気事業の競争促進については、通信事業の競争政策の歴史等を参考にしつつ適用できる部分に関しては積極的に取り入れるべき（調達価格等算定委員会ヒアリング資料 2012/3/19）。	通信事業の競争政策はそのまま電気事業に応用できない。「電気」という商品は、誕生以来品質が変わっていないので、企業間の競争は価格においてのみ起きる。そのため寡占化が進みやすく、巨額な設備投資を考えても大資本のみが有利。
5	海底に直流高圧送電網を敷設し、国内、海外の送電網と接続することで、電力供給安定化、電気料金低減、ピークシフト等が実現する（自然エネルギー財団設立時プレゼン 2011/9/12）。	エネルギーという国家の根幹を韓国や中国、ロシアに委ねていいのか。さらに言えば、東京電力の原子力分野の技術者の海外流出を大きく懸念している。利益を得るのは、隣国であって日本国民ではない。

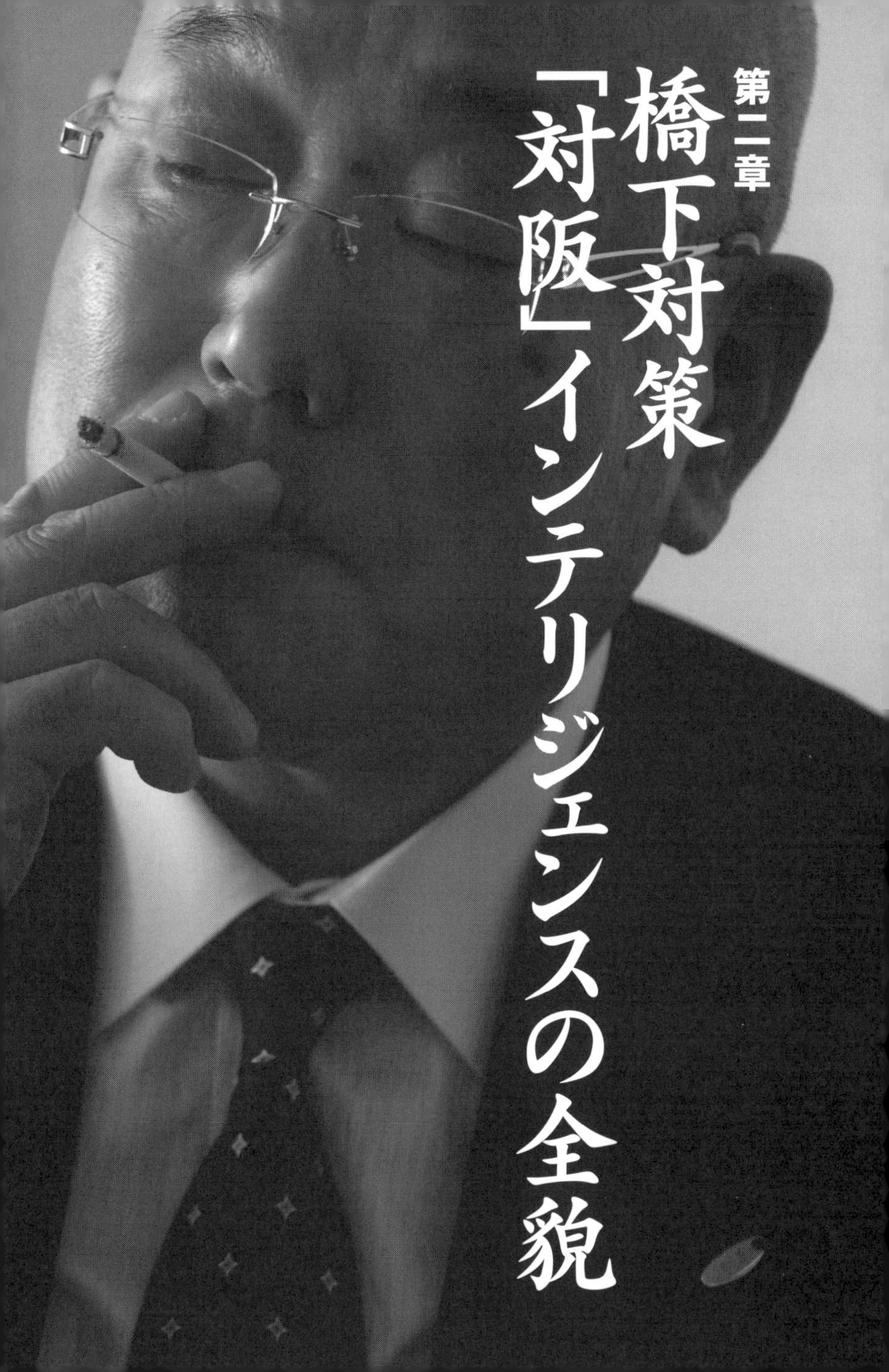

第二章 橋下対策「対阪」インテリジェンスの全貌

この男が「世論」を味方につけた理由

原発ゼロシナリオはユートピアである

橋下徹市長について批判をするのなら、謙虚に橋下市長のマスメディアへのＰＲのしたたかさを学んだほうがいいだろう。

テレビでは「政策に賛否両論あるが、わかりやすい」「柔軟に政治姿勢を変える」と橋下市長への批判がまったく逆の論旨で伝わっているのだから。

そのうえで、橋下市長率いる維新の会がどこへ向かうのかをきちんと検証していくことが大切だ。まずは、「維新八策」、そして橋下市長が可能性を感じるという「原発ゼロシナリオ」について考えてみたい。

あらかじめ断じておくが、私は原発ゼロシナリオについて実現の可能性を感じたことは一度もない。

人気が先行する橋下市長だが、発言のブレも目立つ。

橋下市長は「維新八策は公約ではない。新たな政治グループの価値観を示す綱領だ」

と言っている。たしかに工程表や数値目標は一切なく、いわゆる「選挙公約」(民主党でいうところのマニフェスト)としては物足りない内容だ。

しかし、政党にとっては党の方向性を定める「綱領」のほうがはるかに重い。実際、民主党の迷走の理由のひとつが「綱領がない」ことだった。

橋下市長が「維新八策が綱領」というなら、維新の会に日本の行く末を任せられるかの判断材料として、これ以上ふさわしい文書はないということになる。

維新八策に、エネルギー政策はどう書かれているか。

橋下市長のエネルギー政策、特に原発に関する発言は、これまで二転三転していて真意がよくわからない。

しかし、脱原発派として圧倒的な知名度を誇る人がブレーンに名前を連ねているところを見ると、橋下市長も急進的な脱原発派であろう。

大阪府と大阪市のエネルギー会議は二〇一二年六月に二〇三〇年までに原発ゼロを目指す方針を表明している。市長自身も八月九日の同会議で「原発ゼロシナリオは実現可能と感じた。国民の負担は許容範囲」と語っている。

維新八策の六番目に登場する「経済政策・雇用政策・税制〜未来への希望の再構築〜」の経済政策の「理念・基本方針」として一八項目並べられた政策の最後に「先進国をリー

ドする脱原発依存体制の構築」と書かれている。

橋下市長が日本の電力の実情と原子力技術の重要性を判断したうえで「原発ゼロ、影響も許容範囲内」という結論に至ったなら私も評価したい。

しかし、そうではないだろう。原発ゼロシナリオで、日本が持続可能な社会をつくり上げることは無理だ。

脱原発論者は安易に「原発ゼロ」を口にするが、電気料金の大幅アップや、産業空洞化による雇用激減に耐えることができるのか。

枝野幸男前経済産業大臣に至っては在任中に「再生可能エネルギーや省エネ技術開発で内需が発生。国際競争力も高まる。雇用も増える」などと能天気な発言をして、経済界から総スカンを食らった。

民主党時代の政府の試算によると、原発ゼロを達成するためには、これから百兆円が必要になるという。

この値を日本の労働力人口（六五五〇万人）で割れば、一労働者あたり一五〇万円を超える負担になる。

自然エネルギー導入の規模については、太陽光発電を現状の九〇万戸から、一二倍強の一二〇〇万戸に増やさなければならない。日本にある耐震性の弱い古い戸建て住宅のすべてを改修し、太陽光パネルを設置してようやく達成できる。

風力発電については、東京都全体の約二・二倍の面積の土地に風車を設置する必要がある。適度に風が強い場所を選ばなければならないから、奥深い山中の立地困難地域や洋上を開発するためには別途予算がかかる。規制の緩和、場合によっては法改正も必要だろう。

原発ゼロシナリオが、いかに荒唐無稽なものであるかがよくわかる。世界各国の自然エネルギーの状況を見ても同様だ。

狭い日本の国土のどこに太陽光と風力の発電機を設置するつもりなのか。

この議論を聞いていると、かつて共産主義者が夢見たユートピアを私は想起してしまう。

テレビで原発の是非を討論する人たちの顔ぶれも、自覚的な左翼か、左翼にシンパシーを感じながらも学生時代にフォークソングやサークル活動に熱中し、不完全燃焼だったような人たちばかりが並んでいるような気がする。

まともに手に職を持って汗をかいて仕事をしている大部分の人たちの声が、かき消されてしまっているのは残念だ。彼らは仕事に忙しくて国会前でデモなどしている余裕もない。

さらに政府が想定しているのが、省エネ性能に劣る空調の改修義務化、省エネ性能に劣る設備・機器の販売禁止、省エネ性能に劣る住宅・ビルの新規賃貸制限、重油ボイラーの原則禁止、中心市街地へのガソリン車乗り入れ禁止、といったところだ。

これらはあくまでも省エネ目標達成のために必要な事項を並べているだけで、強制措置を実施した場合の国の補助金などへの歳出はまったく考えられていない。さらなる負担増は必至だ。

太陽光、風力発電を推進し、限界以上の省エネに挑戦しても、原発ゼロが実現するとは限らない。太陽光と風力の発電は気候に左右され不安定であるという性質上、全国の必要電力の三〇％以上には計算できない。結果、火力に頼らざるを得ない。

原発ゼロなら草を食み、虫を食え

火力発電の燃料は中東のＬＮＧへの依存度が高いが、イランがホルムズ海峡を封鎖するような事態が発生した場合、日本全体が〝第三次オイルショック〟の大混乱に陥ることは必至だ。イランを取り巻く国際情勢は日に日に緊迫感を増している。

米国産のシェールガスや、ロシア・シベリア産の天然ガスという代替案もあるが、中東産と同様の量を確保するまでにはまだまだ時間がかかる。こんな状況で原発がゼロになったら、急激な電気料金の高騰や、最悪の場合、大停電という事態もあり得る。

それでも「たかが電気」という脱原発論者たちは「原発稼働よりも停電のほうがマシ」と言うかもしれない。

たしかに健康な大人の場合、季節さえよければ、数日の停電生活も乗り越えられるだろう。可能か不可能かという議論ができるなら、原発ゼロを進め、虫でも草でも食べて生き延びたらいい。

しかし、ものづくりで日本を支えてきた企業にとっては、適度な料金による安定した電力の供給の維持は死活問題だ。

すでに火力発電の増加で燃料費が発電コストを圧迫し、電気料金値上げが実施されて「製造業のほとんどが海外移転を検討している」（経団連幹部）という。

大手企業が出ていけば、関連の中小企業も日本を離れる。実際、原発ゼロシナリオで電気料金がいまの倍以上になるうえに、本来の業務とは関係のない政府の強制による設備投資に耐えられる企業はほとんどない。

国内の設備投資は低下し、雇用も激減、経済規模は縮小する。経済空洞化はすぐそこまできている。大量に失業者が生まれれば橋下市長が大阪で苦戦している生活保護問題

どこの国でも自然エネルギーの普及は進んでいない

	アメリカ	OECD 欧州	フランス	ドイツ	イタリア	英国	スペイン	中国	韓国	日本
太陽光	**0.1**	**0.2**	**0**	**0.4**	**0.1**	**0**	**0.6**	**0.5**	**0**	**0.1**
風力	**0.4**	**0.7**	**0.3**	**0.9**	**0.4**	**0.4**	**2.9**		**0**	**0.1**
地熱	0.4	0.6	0	0.2	2.8	0	0	—	0	0.5
水力	1	2.6	2	0.5	2.6	0.1	2.8	2.0	0.1	1.3
バイオマス	3.8	6.2	5.5	7.2	4.2	2.7	5.1	9.0	0.5	1.1
廃棄物など	0.2	0.7	0.5	1.2	0.5	0.2	0.2		0.8	0.2

※平成 22 年度エネルギーに関する年次報告
「再生可能エネルギーのエネルギー供給に占める割合」

単位：%

が全国に広がるのではないか。

原発をゼロにするということは、原発に携わる技術者もゼロになるということで、日本を危機から救う世界最先端の科学技術も失われていくということを忘れてはいけない。

橋下市長には、持ち前のマスメディアへの強力な発信力を武器に、現実的なエネルギー政策への柔軟な変更が求められる。

激辛！維新八策のゴール「道州制」は日本を滅ぼす

橋下市長率いる維新の会、支持率凋落の原因は何か

橋下徹氏率いる日本維新の会の支持率凋落が激しい。

私は大きく期待をしていたほうだったが、維新の会に群がった国会議員や有識者たちのあまりにも残念な顔ぶれ、さらには太陽の党との合流など、政党としてあまりに一貫性のない一連の動きを見て有権者が離れていったのだろう。

橋下市長は「生活保護の不正受給は許せない」「大阪市のバス運転手の給料が高すぎる」などと、どんな相手でも反論できないことだけをずっと発信していればよかった。

わざわざ「竹島を共同管理に」などと、どう考えても反発がきそうなことを発言するのは、自分が未熟で幼稚な政治家だとさらけ出しているようなもの。

領土問題や北朝鮮関連の問題などであれば、「激しい憤りを感じる。政府には早急に明確な実効性の高い対応を求めたい」などと具体性の一切ないものでお茶を濁しておく

日本維新の会の国会議員と記者会見する橋下市長（PANA）

べきだ。声を荒らげる・机をたたくなどの演出を入れるとテレビならごまかせる。

今後は、絶対に勝てる論点・相手を見極めたうえで（行政全体から見ればまるで大したことがない課題でも）論戦を挑むという初心に返るしかないだろう。

ご同情、申し上げる。

最近話題が少なくなった橋下氏が、次に旗印として掲げそうなのが「道州制」だ。

その内容は、明治維新以来の中央集権的な国家体制を否定し、外交・防衛といった「国」にしかできない仕事以外は、地方に委ねるというものだ。

首長出身者が多く集まる維新の会にとって選挙向けに都合がよい政策といえる。とはいえ国民がこの問題について関心があると思えないのが橋下氏にとって頭の痛い問題だろう。

維新の会が発表した「維新八策」では、一番目に登場する「統治機構の作り直し」の理念として、中央集権型国家から地方分権型国家へ、と書かれている。具体的な道筋としても「道州制を見据え地方自治体の首長が議員を兼職する院を模索」して、道州制が最終形とまとめている。首長と国会議員の兼職にも大きな問題があるが、まずは道州制の危うさから説明したい。

この維新八策の「最終形」という道州制と橋下氏の最大のテーマである大阪都構想は、日本や大阪の経済成長にはつながらないことは当事者が認めていることだ。

橋下氏や維新の会は、かつて大阪都構想について大阪経済の低迷を打破するものだと主張してきた。

たしかに府と市が一体化して、都となった場合、行政の無駄が省かれるというメリットはあるかもしれない。

しかし、国だろうと地方自治体だろうと、行政の歳出が減れば、国やその地域の景気が悪化するのは経済学では自明の理である。

もし維新の会の言うように、都構想や道州制が行政の無駄を省くものだとしても、景気対策・成長戦略には決してならない。

実際に大阪府自治制度研究会において、「経済と大都市制度の因果関係を明確に論証することは困難」という結論に至っており、少なくとも府市がバラバラだから景気や成長を下降させたわけではないことがわかる。

橋下氏が都構想を実現したいのは、自分の大阪府知事時代の失政を隠したいからだ、とまでは言わないが、実際に隠し通せる可能性があることも指摘しておく。

華々しい発言の裏で、大阪府知事時代に橋下氏は「臨時財政対策債」を大量に発行し、府の借金を大幅に増やしている。一方、大阪市は平松邦夫前市長のもとで在任中ずっと借金を減らし続けた。

客観的に財政状況を分析すれば、統治能力に優れているのは、橋下氏よりも平松氏といえるのではないか。そして都構想が実現できれば、自身が悪化させた府の財政を、大阪市の財布に手を突っ込むことでごまかすことが可能になるのだ。

道州制のEUで起きたこと

維新の会の政策とは、その場しのぎの人気取りとそれを取り繕うための言い逃れの繰り返しだ。

大阪府の行政が思うようにいかないのは、府と市がうまくいっていないからだ、と府知事を辞め市長になる。市の行政がうまくいかないのは、国が悪いからだと今度は国政を目指す。

いつまでも結果が出ないままでも自己を肥大化させることのできる便利なレトリックである。

では、橋下氏の掲げる「道州制」を導入すると日本はどうなるのか。

道州制のイメージはつかみづらいが、ＥＵの統合を振り返るとわかりやすいかもしれない。

オランダと九州を比較してみる。人口は、オランダ一七〇〇万人、九州一三〇〇万人。面積はオランダが四万二〇〇〇平方キロメートルで、九州とほぼ同じだ。

ヨーロッパでは、バラバラの国だったものをひとつにした。貨幣を統一し、経済交流を自由化させたが、中央政府の機能はほとんどない。

逆に日本では、ひとつの国をバラバラにしようとしているが、経済的な観点でのゴールは一緒だろう。

しかし、最近の欧州危機でわかったのは、景気のいいときは欠陥が見えないが、道州制は遠からず破綻することだ。

いま欧州で起きているのは、ギリシャのような貧乏な州を、ドイツのような金持ちの州が助けないといけないということ。

しかし、強力な中央政府が存在していないため、調整ができず救済が困難になっている。貧乏州がますます貧乏になり格差が広がっていく一方で、金持ち州の足を引っ張り続けるという構造だ。

日本でも貧乏な州（例えば東北州）が窮地に陥ったときに必要なのは、強力な中央政府の存在である。

しかし、維新の会の主張では強力な中央政府を解体することが道州制導入の目的だったはずで、中央政府がそれぞれの州の間の調整をする必要があるなら、矛盾している。外交と防衛以外の行政機能をすべて地方に移すのは、はっきり言って無理である。むしろ、徹底的に中央集権を強化して弱い産業を外国から保護し、強い産業を伸ばすのが国家の役目ではないか。

道州制で日本は墓穴を掘る

道州制を叫ぶ識者は「経済活動が広域化する中で、県単位で行政をするのは無理」と言う。逆に「きめ細かい住民サービスをするのは現状の統治機構では無理」と言う人もいる。

この矛盾とも取れる指摘に共通するのは、「州」のような中途半端な大きさの行政府をつくることが一番の無駄であるということ。

県の権限をほぼなくして国と市を強化するか、県同士が問題ごとに連携を強化したほうが解決は明らかに早い。

県同士の連携に疑問を持つ声もあるが、では州と州の境界で起きた問題や境界をまたぐ問題を道州制ではどう処理するのか。道州制論者は、自分たちの現在の行政システムへの批判がそのまま自分たちに跳ね返ってくることを理解できないのだろうか。

実際に世界の潮流もアンチ道州制といえる。道州制を始めたアメリカでも法改正が行われるたびに中央集権的な国家に近づいている。分権的な方向での法改正はほとんどない。

ヨーロッパでも強力な中央政府をつくるか、道州制をやめるかの議論になっている。中途半端な行政体をつくるデメリットをやっと世界が理解しはじめた。日本は、世界の流れに逆行して自分の死体を入れる墓を一生懸命掘っている状態なのだ。

もしも、日本で
道州制を導入したら

- 国の権限を弱め、危機に際しての行動を制限

↓

- 金持ち州（関東州）と貧乏州（東北州）の格差拡大

↓

- 経済ショック時に、貧乏州が大打撃

↓

- 国の権限が限られているため財政移転が容易にできず、貧乏州を見殺し

↓

- 内部抗争勃発、社会不安

※ EU（統一通貨、中央政府不在）危機の事例から作成。

橋下ツイッターと直接対決

実は、横山ノック元府知事以下の実績

インターネットのツイッターで約一〇〇万人のフォロワー（読者）がいる橋下徹大阪市長から、二五回にわたってご意見を頂戴した。日本を代表する挑戦力と発信力を持つ橋下氏に、貴重な時間を割いていただけたのは誠に光栄の至りだ。心から感謝申し上げたい。多くの論点が橋下氏より提示されたが、可能な限り丁寧にお話し申し上げることにする。

ただし、ひとつ訂正をお願いしたいのは、橋下氏は私のことを「反橋下」とお考えのようだが、私は「親橋下」だ。

政治家としての実績・実力は別にして、発信力・挑戦力だけで考えれば、橋下氏は日本一の政治家だ。言うべきことはきちんと言わなくてはいけない立場に私はあるので、厳しく聞こえるかもしれないが、橋下氏の挑戦力と発信力を非常に評価している。

その日本一の手腕は枚挙にいとまがないが、例えば、大阪の大人気知事だった横山ノック氏と比較してみる。

ノック氏はセクハラで有罪となり政界を追われたが、その点橋下氏は不倫の事実を認めたものの、持ち前の発信力を生かした対応でうまく切り抜けた。普通の政治家だったらその場で政治生命を絶たれてもおかしくない。

報道にあったように、女性にスチュワーデス（フライトアテンダント）のコスプレをさせて不貞行為を働くことは現時点で違法ではないが、弁護士や政治家に歴史上かつてないほどに高い倫理が求められる時代にあって、橋下氏の時代に逆らう挑戦力と、それに続く発信力はずば抜けていると考えたほうがいい。天才としかいいようがない。

橋下氏は、二〇一二年一一月五日三時二二分にツイッターで以下のように投稿をしている。

「飯島勲氏の『橋下が知事当時、大阪市は借金が減って大阪府は借金が増えた』という論が間違っていることは、大阪市役所の財政当局も認めた」

橋下氏が借金を増やしたかどうかについては詳述するが、この論理構造は総理を目指す人物にしては非常に脆いものを感じる。生殺与奪の権を握る自分の部下が「認めた」というだけでは、根拠薄弱と言わざるを得ない。

漫画「ドラえもん」に登場するガキ大将・ジャイアンに媚《こ》びへつらうスネ夫が「ジャイアンの歌はとてもうまい」というのを根拠にして、「俺の歌はうまい」と自慢をしているようなものだ。

「のび太氏の『ジャイアンの歌は聞くに堪えない』という論が間違っていることは、俺様の子分であるスネ夫も認めた」では、お話にならないだろう。

もし、橋下氏の主張を認めなかったら、市の財政当局にどんなことが起きるのか。想像するだけでも恐ろしい。

では、実際に橋下府政が借金を増やしたのかどうかを検証してみたい。

橋下氏は、二〇〇八年二月に府知事就任、一一年一一月退任なので、〇七年と一〇年の指標を比べる。法人税（法人事業税）の税収は、四六二〇億円から一九三四億円と五八％のダウン。法人税に地方法人特別譲与税を加えた数値でも三六％のダウン。府の税収は、一兆三四二五億円から九八六〇億円に二七％のダウン。逆に、国から府への援助額（府の交付税に臨時財政対策債を加えた額）は、二四四三億円から六二二〇億円と二・五倍以上になった。

結果、大阪府の地方債残高は、府政史上最大になった。

橋下氏の任期中に借金が増えた大阪府は、実質公債費比率が一八％を超え、地方債発行に総務大臣の許可が必要な「（起債）許可団体」に転落してしまった。このままの水準で借金が増え続ければ一七年には二五％を超えて「一部起債制限」がかかることになる。

橋下氏と同じく大人気だった横山ノック知事（一九九五年四月就任、九九年一二月辞任）はどうだったのだろう。

就任前の九四年と辞任直前の九八年で比較してみる。法人事業税は四〇三九億円から三五七二億円で一二%のダウン。府の税収は一兆九七六億円から一兆一八七〇億円の八%のアップ。国から府への援助額（地方交付税）は、三九一億円から一〇〇六億円とこちらも二・五倍以上になった。

橋下氏は、「大阪府の財政を健全化した」と府知事を辞めて大阪市長に転身したはずだが、いったいこれはどういうことなのか。

ブレーンがつくった基準を否定するナニワの借金王

橋下徹は、横山ノックを超えられたか

橋下徹府知事		横山ノック府知事
58%down	法人事業税収	12%down
27%down	府税収	8%up
2.5倍にup	地方交付税※	2.5倍にup
辞任せず	下半身スキャンダル	辞任

※橋下知事は臨財債を加えた額。横山知事時代には臨財債を発行せず。

橋下氏が採用していた大阪府の算定基準によれば、一〇〇〇億円ほど赤字を減らしたことになるそうだ。しかし、国の算定基準では「（起債）許可団体転落」ということになる。実は、橋下氏が採用しなかった国の（公債費比率の）算定基準をつくったのは、当時の竹中平蔵総務大臣だ。

さらに竹中大臣秘書官室に机を置き在籍していた事実上のブレーンである高橋洋一氏と岸博幸氏の両名もその基準づくりに関わった可能性がある。

彼らはいまでは大阪市の顧問や橋下氏のブレーンを担っている。橋下氏が自らの実績として府の財政健全化を主張したいのなら、自らのブレーンのつくった基準を否定することになってしまう。

このどちらの基準が正しいかは、読者の皆さまに判断を委ねる。私はどちらでもいいと思っている。

ここで、大阪府政下において負債残高を史上最大値に更新した知事のことを「ナニワの借金王」と便宜上呼ぶことにする。

現時点のナニワの借金王は橋下氏であり、このままいけば松井一郎・現大阪府知事（「大阪維新の会」幹事長）がその名前を襲名することになり、二代続けて「ナニワの借金王」が大阪維新の会から出ることになる。

ナニワの借金王・橋下氏はツイッターで「臨時財政対策債は地方交付税の一環」と述べ、私が「不勉強」なのでそれを知らないと指摘している。

余談ではあるが、私はプレジデントの連載で「臨時財政対策債とは、府で発行しつつ、償還は地方交付税で行う。実質的には、地方交付税の前借りと考えてよい」と述べていることを一応明記しておく。もちろん「臨時財政対策債は地方交付税の一環」であるという認識でも構わない。

地方交付税とは、国が地方に渡しているお金。大阪府が目一杯に請求した地方交付税（とその一環である臨時財政対策債）を増やすことは、国の借金を増やすことにつながる。ナニワの借金王・橋下氏が「府の借金」を増やしていることは前述のように解釈によって議論が分かれたとしても、「借金」を増やしているのは議論の余地がない。

橋下氏に説明を求めたいこと

私が「算定基準がどちらでもいい」と述べたのはこの点に尽きる。

ナニワの借金王・橋下氏にとっては、大阪さえ黒字になれば自分の手柄と考えている可能性があるが、ほかの都道府県に住む一般国民にとって大阪府の借金を国が肩代わりするのは納得がいかない。

　ナニワの借金王・橋下氏がよく言う「民間経営者の感覚」では「経営の失敗を景気や外部要因のせいにするな」というのが常識だが、彼はこの数字を景気後退のせいにするのだろうか。

　もちろん景気の影響は考慮されるべきだが、そうだとしても先ほど述べた「地方交付税と臨財債を合わせた額」が、就任前は全都道府県中ワースト六位だったのが、ワースト二位にまで転落した理由はどこにあるか説明を求めたい。

　大阪府知事在任中に、住友系の大企業が大阪から撤退したことも記憶に新しい。一般的に不況下の財政再建は、さらなる不況を招くとされている。

　大阪府だけの黒字を目指し、府民、民間企業、国にツケを回してきた構図が浮かび上がる。橋下氏は失政を外的要因にすることで、自己肥大化に努めてきた。

　大阪府の経済成長がうまくいかないのは府と市が二重行政だからだと言って市長になった。それでもうまくいかないから今度は国政へ行くという。国政がダメなら国連改革を始める気だろうか。

　二〇一二年もまた国の借金が過去最高を更新した。大阪府の地方交付税と臨時財政対策債の増加には、国の借金を増やした責任の一端がある。

橋下氏は誰もが認める発信力と挑戦力をまずは大阪の財政再建のために使うべきだろう。

　地方交付税をゼロにする。国政はそれからでも遅くないのではないか。橋下氏が私より何百倍も地方財政に造詣が深いのならそれが可能だろう。今後も彼の挑戦力と発信力に期待したい。

橋下府政で借金は増えた！

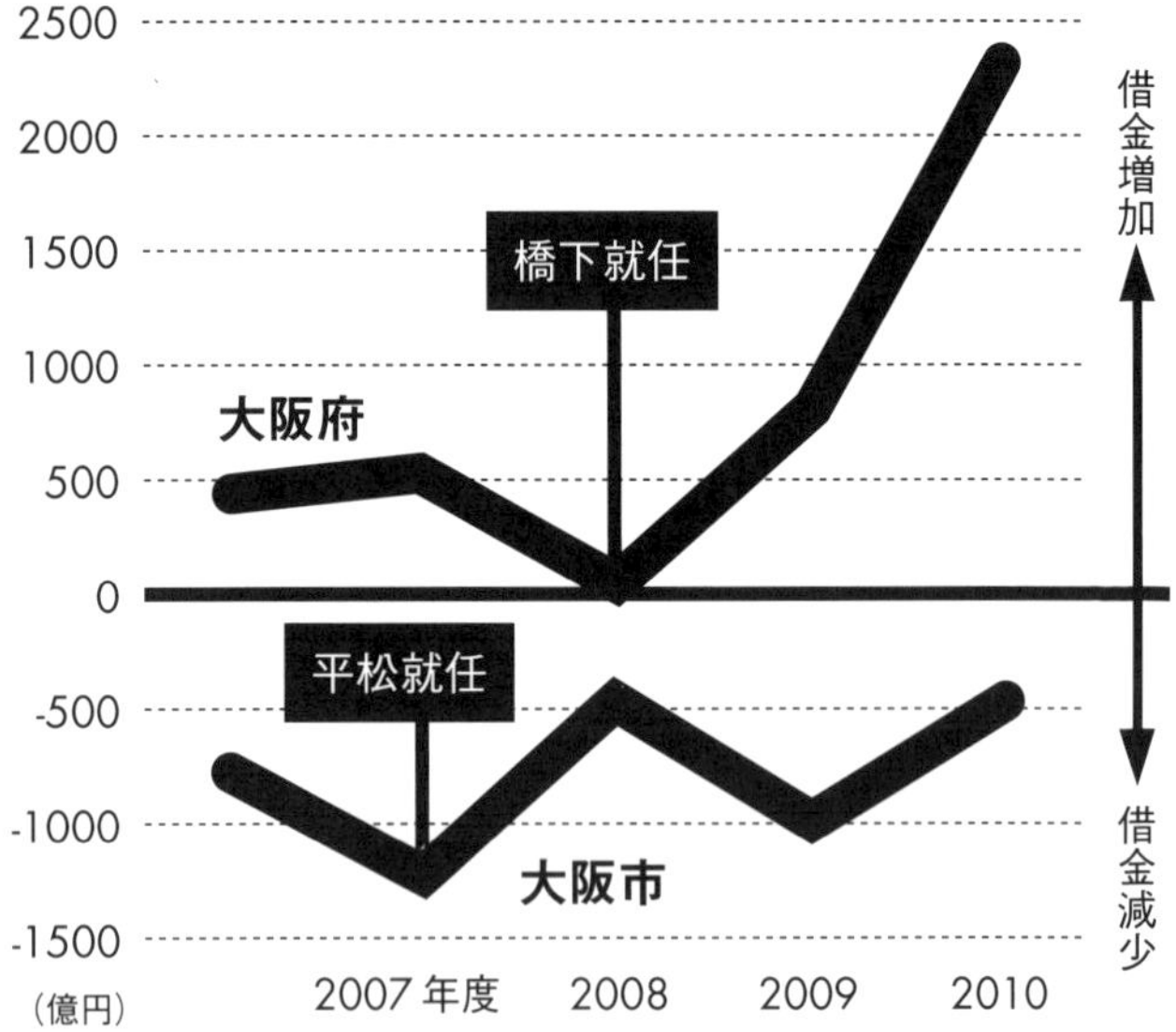

地方債残高の増減（前年度比）

拝啓 橋下殿「首長兼任」に違憲の疑い

権力至上主義、小沢化する橋下徹

二〇一二年の衆議院選挙で「日本維新の会」が大阪府内という地域限定で躍進を遂げた。旧・太陽の党との政策の違いは明らかで空中分解の危機にあるものの、橋下徹氏という人物が今後日本の政局に一定の影響を与えていくのだろう。

ここで想起されるのが小沢一郎氏である。岩手県を中心とする東北の選挙に強い影響力を保持し、そこで育った多くの側近に守られながら、その時々の政権に無理難題を押し付けて政局を揺さぶってきた。

橋下氏も小沢氏のような道を歩むのだろう。国会内で一定の勢力を保ちつつ、大義名分だけの「政策合意」のもとに合従連衡を繰り返し、「数は力」だと権力だけを追求する。現在の維新の会は、小沢氏のつくった新進党のようなものと考えれば、橋下氏も政策の不一致（原発政策など）はまったく意に介していないことがよく理解できる。

いま橋下大阪市長は、二〇一三年の参議院選挙に向けて、市長のまま選挙に立候補したいという主張を続けている。

大阪維新の会幹事長の松井一郎大阪府知事も同様の発言をしている。そのために『地方自治体の首長と、国会議員の兼職禁止規定を撤廃すべき』と訴えている。

もしも、関連する法律が改正されない場合は「現在の政権ではそんなことすらもできない」という大義名分で大阪市長を辞職し、国政へ立候補することが容易に想像できてしまう。

橋下氏が大阪府知事だった時代、話題先行でほとんど何の成果もあがらなかった。税収は下がり、財政は悪化した。このまま大阪にいても早晩メッキがはげる。まともな学者やジャーナリストからは相手にされなくなっているが、橋下氏が頼りにするお祭り騒ぎの好きな大阪府民にも飽きられるのが目に見えている。

何か目新しい話題を提供しようと「兼職」を持ち出しただけだとしても私は驚かない。

私は「兼職」に関しては反対の立場で、橋下市長が大阪市長と国会議員を兼職することは「現行憲法上、不可能」という立場だ。

橋下市長が兼職可能の根拠としているのが、フランスなどの例だろう。

フランスでは、一八四〇年には四五九人の国会議員のうち二一三人が県会議員だったほど古い歴史を持つ。

そこでは地域と中央の情報がスムーズにやりとりできるというメリットが生まれる一方で、デメリットは大きい。権限があまりに集中してしまうために、地域における一人の有力政治家の寡頭支配を招いている。

当然のことながら兼務により国会での審議出席率は非常に低い。市政においては国会で地元を留守にする市長を支えるために人数を増やした副市長が広範な権限を持ってしまっている現状もある。これらはフランスで問題となっており、改革を求める声が強い。

いまのところ、橋下市長の参院選出馬を直接的に妨げているのは地方自治法と国会法だ。橋下氏は「条文をちょっと変えるだけでいい」という趣旨の発言を繰り返すが、実は簡単に変えられない憲法でも兼職は想定されていない事態だ。

日本国憲法第四三条に「両議院は全国民を代表する選挙された議員でこれを組織する」とある。また、第四九条は「両議院の議員は、法律の定めるところにより、国庫から相当額の歳費を受ける」という。

この二つの条文を読めば、現行憲法が（一地域の利益を代表する）市長と（全国民を代表する）国会議員との兼職を想定していないのは明白である。

文字通りに解釈すれば、「兼職」は違憲と判断されるだろう。憲法の意図するところをまったく理解していない。

「国家の利益」と「地方の利益」がぶつかったとき、当然「国家の利益」を優先すべきと私は思うが、橋下市長は自らの政治姿勢として「大阪のため」という立場を崩していない。国政に進出する主な目的も大阪都構想の実現だ。

実際に私と論争になった「橋下府政は借金を増やしたか否か」のときにもそれが現れた。府の税収を極端に落とし、府の財政を急激に悪化させ、大阪府を「地方債起債許可団体」に転落させたにもかかわらず、大阪府単体は財政が黒字に転じたから改革は成功したと主張した。

実際には、赤字の穴埋めを地方交付税等で国に借金をさせて肩代わりさせたもので、その「黒字」だという指標を採用しているのは四七都道府県で大阪府だけである。

この指標の存在は、国の借金を増やしても大阪さえよければそれでいいという姿勢を鮮明に映し出している。

このような大阪のことしか考えない地域エゴの塊が、大阪という一地域で票を得たからといって国政での兼職を認めるのは間違っている。

大阪のために日本があるわけではない。ましてや橋下氏のために日本はない。

それでも市長と国会議員の兼職が必要だというのなら、大阪だけでなく日本中の国民

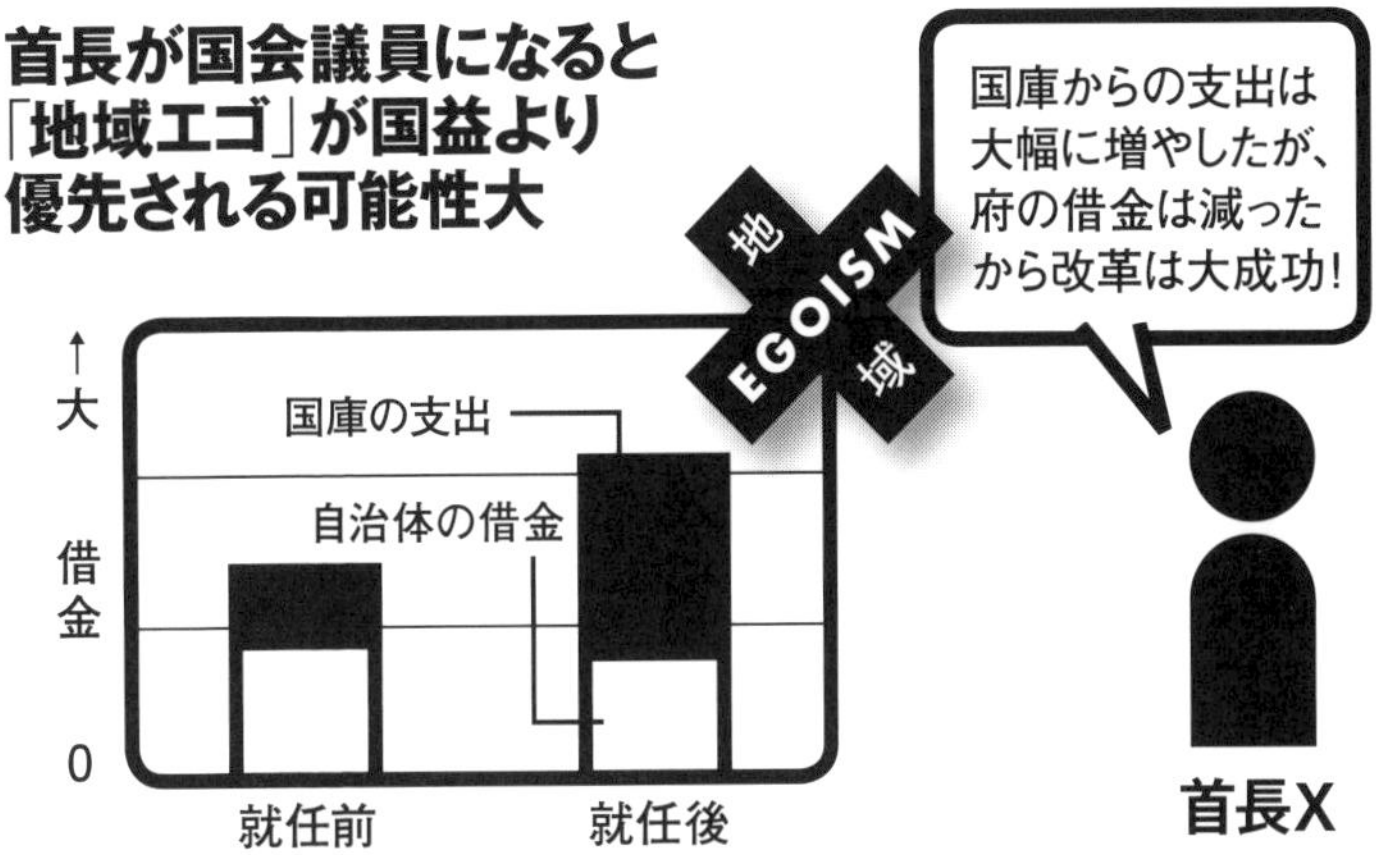
首長が国会議員になると
「地域エゴ」が国益より
優先される可能性大
国庫からの支出は
大幅に増やしたが、
府の借金は減った
から改革は大成功!
地
域
EGOISM
↑大
借
金
0
国庫の支出
自治体の借金
就任前
就任後
首長X

が納得できる理由を示してほしい。

しかし、これまでのところ橋下氏はこの疑問に答えられていない。

彼が発する言葉は、「やってみなくてはわからない」という何の根拠もない自信と、橋下氏がグーの音も出ないほどにやりこめられたときに最後に繰り出す必殺技「ダメなら選挙で私を落とせばいい」である。

「自治体の長と参議院議員の兼職を否定する理由は理由になっていない。一番多いのは、兼職なんかできるはずないというもの。それだったらできるかどうか、一度やらせてほしい。選挙を踏まえるのだから無理だったら次回落とせばよい」（二〇一二年一二月二三日、自らのツイッターで。原文ママ）

「一足す一が二である」「橋下氏は借金を増や

した」などの明確な事実関係や物事の価値判断のすべてを、多数決や選挙で決めるのは間違っている。

しかし、今回はこの方法論に大いに賛成したい。兼職が民意というのなら断行すればいいいと思う。ただし憲法改正には、衆参三分の二の国会議員の賛成を集め憲法改正を発議して国民投票で過半数を得ることが必要だ。

橋下市長は以前、市長と国政政党トップの両立について「プライベートや寝る時間を割けばいいい」と話していたが、解散翌日の二〇一二年一一月一七日以降二八日までの一二日間で橋下氏が市役所に登庁したのは、市議会本会議が開かれた二〇日の一日だけだった。

これで公務が滞っていないといえるのか。大阪市長と政党の代表代行の〝兼職〟すらまともにできなかった人間が、さらに時間を拘束される国会議員との兼職ができるとは思えない。

橋下氏は、私との大阪府の赤字論争のときも、ツイッターによる公職選挙法問題でも「国のつくったルールがおかしい」という態度を取った。

国で定められた法律を守る気がない人間に法律をつくることが役割の国会議員になる資格はない。断じてない。

なぜ、官僚出身者は官僚を批判するか

橋下市長の兼職も問題だが、二〇一二年末の衆院選で当選した約四〇人の橋下ベイビーズの新人議員たちも大いに問題である。

国会での地道な活動は一切しないで橋下市長の意向に従ってＹＥＳ／ＮＯと票を入れる年収二八〇〇万円の採決ロボットになることが予想されるからだ。

反省を込めて話すが、郵政選挙のときの「小泉チルドレン」の大量当選を思い返せば、国政に立候補しようとする人間を、履歴書に書かれた経歴やキャリアだけで選んではいけないことがわかる。ましてや外見だけで選ぶなど論外である。

郵政選挙で候補者選定を行った当時は、誰もが満足できるメンバーがそろったと胸を張ったが、彼らのほとんどが二〇〇九年の総選挙では落選してしまった。

この原因は、あまりにも簡単に「国会議員」の肩書を手に入れたため、選挙民の切なる願いに耳を傾けず、マスコミ受けするパフォーマンスを繰り返したことだろう。

一方で二〇〇九年の総選挙では民主党が大勝して大量の小沢チルドレンが誕生したが、その多くは目も当てられないほどの劣悪な能力しか持っていなかった。九割以上は政治家として使えないのではないかと思っていたが、やはり二〇一二年の選挙で壊滅した。

経済的強者に日本を牽引してもらう一方で、光が当たらないところに光を当てるのも政治の役目だ。ど素人が政治をしても、本当の弱者を救おうとはしないだろうし、救い方もわからないだろう。

国会議員は、それぞれの道で中途半端な実績しか残せない人のための再就職口ではないのだ。

選挙で維新に群がった、各党からの離党組も、維新政治塾出身の新人たちも「維新の会」という名前がつけば議員になれる、という考えがいただけない。

橋下市長の場合は、維新の議員だけでなく、ブレーンの質についても、私は大きな疑問を抱いている。橋下市長のような傑出した人物には、擦り寄ってくる人も多いのだろう。ブレーンと呼ばれる人たちには、官僚ＯＢや落選経験のある政治家が多いようだが、ほぼ全員がそれまで所属していた組織を悪く言う。

彼らは組織内で役に立たず、実績を残せなかった人間ばかり。組織に適合できなかった人間が、元の出自を批判しても説得力はない。

不思議なことに、彼らのほぼ全員が、自分に非はないかのような振る舞いをする。中には本当に組織が腐っている場合もあるだろうが、書籍や雑誌の座談会で集まって、口々に出身組織の悪口を言っているのには、笑ってしまう。

未熟な自分を教育し、成長させてくれた出身母体にもう少し感謝の意を表してはどうだろう。

例えば、経済産業省の元官僚で、橋下市長のブレーンとなり現在は大阪府市統合本部特別顧問の肩書を持つ古賀茂明なる人物について考えてみたい。

古賀は経産省で「官房付」という閑職に追いやられた当時、ほとんど仕事をしていなかった。

国民のために仕事をしない官僚が給料をもらうことを批判するなら、仕事をしていない時期の自らの給与は返納するのが筋だろう。働かない官僚の数を減らすべき、と主張するなら、さっさと退職すればよかった。

二〇〇九年、古賀が出向していた国家公務員制度改革推進本部事務局のメンバー全員が、仙谷由人官房長官（当時）に疎まれて、クビになるという事件が起きた。

事務局長は経団連で専務理事も務めた立花宏氏だったが、民間出身の彼は、その後無職になってしまった。

一方の古賀は経産省に戻って仕事をしなくても給料がもらえる官僚生活を満喫している。やがて経産省でも「辞めろ」と言われるようになったが、勧奨退職（肩たたき）になるまで粘りぬいた。

依願退職と比較して、勧奨退職では退職金が上積みされる。しかも退職前から「現職官僚が告発！」と称して著書を出版、話題になって相当売れたようだ。

テレビ出演も増えたようだが、印税や出演料は、経産省の給料と並行してもらっていたのだろうか。

私の手元に、古賀の著書『官僚の責任』がある。その本の帯には、「辞職を迫られた改革派官僚〝覚悟の証言〟」とある。

トップと違う考えの部下が、しかも何一つ仕事をしていなければ、辞職を迫られるのは民間であれば当然だ。

古賀は、迫られるまで辞めないことで退職金の上積みを獲得し、さらにはそのこと自体まで宣伝材料にして本を売って儲けようとするたくましい商魂の持ち主だ。この辺の才能を経済産業省で発揮すれば国益に適ったのではないか。

本当にいい根性をしていると思う。

小中学校に「だいじょうぶ科」？大阪公募校長の実態

週刊誌の政局報道はほとんど推測の領域

衆院選に向けて政局が盛り上がっていた二〇一二年秋、「週刊朝日」に掲載された橋下市長の出自をめぐる連載から始まった両者のバトルは、連載の打ち切りで一応は「ノーサイド」となった。

週刊誌とのバトルといえば、私にも経験がある。小泉純一郎内閣の首席秘書官だった当時、あまりにたくさんのことを書かれたので一つ一つを挙げてもきりがないが、印象に残っているのが「週刊文春」だ。

見出しには「飯島秘書官、妙齢美女と深夜のドライブ」とあった。身に覚えがまったくないのに、こんな記事が出ることにびっくりして読んでみると、妙齢美女とは当時六〇歳を超えていた私の女房のことで、実家の長野へ帰省するために私とクルマに乗っていたという内容だった。

頭にきたので法的手段に訴えようかとも考えたのだが、あまりにも女房が喜んでいるのでやめることにした。それにしても「妙齢」や「美女」という言葉は使い勝手のいい言葉である。

週刊誌や月刊誌の政局記事をプロの観点から分析すると、千に三つしか真実がないということはないが、だいたい一〇に三つぐらいしか実際に起きたことはない。

月刊誌「文藝春秋」の「赤坂太郎」氏の政局コラムは、新聞記者らがお小遣い稼ぎに書いているが、それでも事実関係はその程度のものだ。政治家Aと政治家Bがこの時期に会合したのだから、きっとこのようなことを話したに違いないという推測で物事を報じている。

結局、部数を稼ぎたい一心で話題の人物を取り上げ、的外れな権力批判を行うというのが週刊誌の伝統だ。

「週刊朝日」の連載に携わった編集部の関係者も、高い志を持って報道の世界を志望したのだろうから、その入社当時のジャーナリズム精神をいま一度思い起こしてもらいたいものだ。

ただし、私は「権力を監視するのが自らの役目である」という誇りを持っている社会部の記者や、フリーのジャーナリストたちに敬意を持って接してきた。

これまで政権を担ってきた内閣の一部は、自分を褒めるマスコミばかりを優遇し、批判的なマスコミは出入り禁止や質問するために手を挙げても無視するような愚行をしてきた。余裕がないためであろうが、残念な限りである。

私は秘書官時代に「小泉総理や私がいいことをしたとしても何も書かなくてもいい。しかし、もしも悪いことをしたら、他の人よりも一〇倍の分量で徹底追及してほしい」と、周辺の記者に伝えていた。「悪いことをちょっとでもすれば人の一〇倍の罰を受けてしまう」、そういう緊張感があったからこそ、五年半の長期政権が可能になったのではないだろうか。

今回の「週刊朝日」問題で一番気がかりなのは、橋下氏という権力者が相手だから特別扱いをされ、朝日新聞があっさりと降伏したのではないか、ということだ。

もしも、一般のビジネスマンや名もない一市民が大手新聞の攻撃対象となり「取材拒否」と憤ったところで、大手新聞社が相手にするとは思えない。そんなときにはどうしたらよいか。有効な手段を紹介したい。

新聞社、新聞社系出版社にひどいことを書かれ法的手段に訴えても、裁判に慣れている彼らにとっては痛くも痒くもない。顧問弁護士が現れてのらりくらりと話し合いを長期化させ、こちらを疲弊させるのが常套手段だ。

そこで、訴える相手を書き手だけでなく、編集長、そして新聞社の社長まで広げるのだ。

なぜなら、新聞社の社長は各社持ち回りで勲章を受ける慣習になっているが、裁判係争中の案件があると順番を飛ばされてしまう。一度飛ばされると次の叙勲まで一〇年以上かかってしまうのだ。

不思議に思うかもしれないが、大手新聞社のトップとなり、政財界にも影響力を持つようになった人物が最後に望むのが勲章。だから力のない個人であっても社長を相手取って裁判を起こすだけで、どんな大手新聞社でもほとんどのケースで腰砕けになってしまう。

弱い立場の人間であっても、相手の弱点

もしも、新聞社系出版社に中傷記事を書かれたら

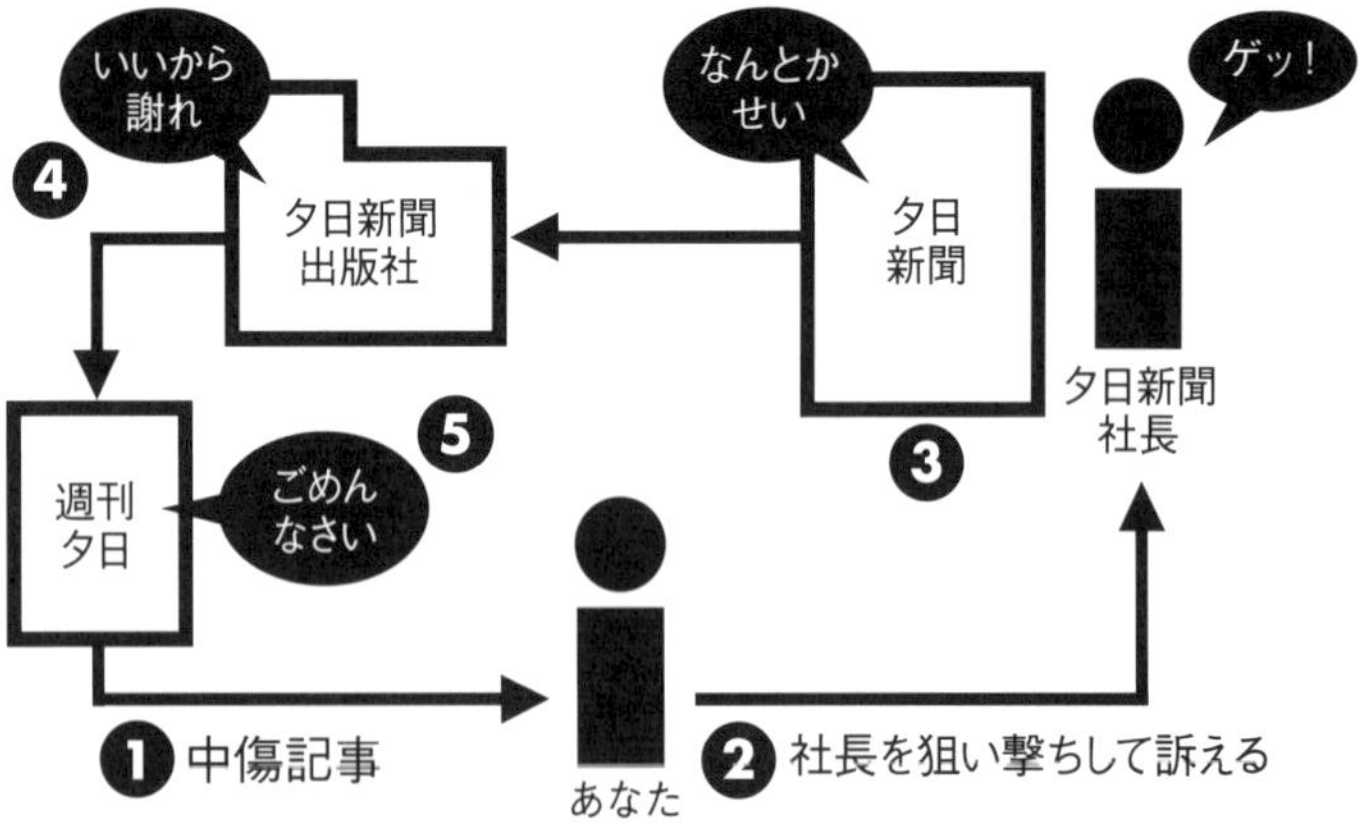

を攻めれば、対等な立場で戦うことができるようになるのだ。

本来、マスメディアの重要な仕事は権力の監視であり、政治家の人格攻撃ではないはず。政治家が権力を使って悪事を働いたらそれを暴くこと、政治家が間違った政策を実施して国民の生活を危うくすることを防ぐのが役目であると認識してもらいたい。国民生活のためには堂々と政策批判をすることが大切だ。

他人の子供で悪ふざけするな

二〇一三年一月、橋下市長の強い要望で全国公募され、大阪市内の小中学校の校長に就任する外部からの人材一一人が、教育委員会から正式に辞令を受けた。

民間から優秀な人材を確保したいという市長の希望で、大阪市では学校長を原則公募とする条例が成立しているが、私は強い不安を感じている。

橋下氏のブレーンでもある東京都初の民間出身校長として話題になった杉並区立和田中学校の前校長、藤原和博氏は大阪市の校長公募説明会で次のように話した。

「企業で工場長を経験した人だったり、商社の販売会社の社長を経験した人だったり、あるいは銀行の支店長だったりという人が、民間から校長となりましたが、ほぼ失敗しています」

その理由を、民間企業であれば予算と人事を使ってマネジメントできるが、学校長にはそれがないからだ、と藤原氏は分析しているが、果たしてそうだろうか。疲弊する教育現場の現実に直面したときに、藤原氏ほどの手腕のない校長では職務を遂行するのは困難だろう。

健康なまま辞められればまだいいが、広島県尾道市の小学校に銀行副支店長から転身した校長は、運動会での国旗国歌の取り扱いをめぐり、教育委員会と教員（組合）の板挟みになって、悩んだ揚げ句に自殺に追い込まれた。

学校という特殊な世界に対する研修も不十分なまま校長に就任して予算と人事権が与えられたとしても、地域との連携、さまざまな親とのコミュニケーションが円滑に進むこととはまったく次元の違う話だ。

学校長に求められるのは、民間企業での成功体験ではなく、学校を安定的に運営していくために保護者や地域との信頼関係を構築できるマネジメント能力である。自身の転職先の一候補みたいな安易な考えでは話にならない。

教職員を経験しないからといって校長の資質が欠けるとまでは言いたくないが、少なくとも子供たちの未来について命懸けで責任を持っていなければならない。

そして、それだけの人物が一度に大量に確保できるのか、というのが最大の問題だった。公募を始めても「思うように応募が集まらなかった」（市教育委員会）という。

そこに助け舟を出す転職サイトが現れた。結果として校長に応募した九二八人のうち、なんと七六九人が転職サイト「ビズリーチ」を経由しての応募だ。

そのため大阪在住の応募者は七％に留まり、東京（三七％）など関東圏からの応募が過半数を超えた。大阪が東京とはまったく違う難しい問題を多く抱えていることを知っての応募なのだろうか。

サイトの運営会社が公表している「応募理由」「課題」「校長になったら変革したいこと」には、思い思いにさまざまなことが書かれているが、共通するのはテレビやマスコミの論調にもろに影響を受けていることと、大阪の地域特性がほとんど考慮されていないことだ。

自ら考えることを放棄して、マスコミ受けを狙った「世の中をうまく渡り歩く」人間を育ててどうするのだろう。

こんな考えの公募校長たちが、二〇一三年四月に就任した。

合格者決定から一カ月で辞令が交付され、研修は二カ月程度。それで現実を理解して、教育現場で起きる問題に対処できるようになるとは思えない。

大阪市立桜宮高校での体罰問題に対する市長の言動にも批判が高まっており、大阪市の教育現場をめぐる情勢はますます厳しくなっている。

どんな科目をつくりたいかという問いに応募者は、「だいじょうぶ科」「日本とは何科」「遊ぶ科」「親直し科」「それでも科」「やってみる科」「SAMURAI科」「楽しんでる科」「私がイチバン科」「ナカマカ科」「いいかげん科」と、回答している。これで年収八八〇万円（満五五歳）に諸手当がつくという。他人《ひと》の子供を使って悪ふざけをしてほしくない。

公募区長は早速更迭

公募校長の行く末が真っ暗だと断言できるのは、橋下市長が校長と同じように「民間から優秀な人材を確保したい」と導入した公募区長の中から、就任から一年も経たずに〝解雇〟された例が出てきているからだ。

民間企業の解雇に当たる分限免職処分を受けたのは、二〇一二年八月に就任した前東住吉区長。元経営コンサルタントという肩書で応募し、市長自ら選考に臨んだ公募区長に選ばれたが、就任前の研修を途中退席したり、重要な会議を欠席したり、他の区長に暴言を吐いたりしたことから、橋下市長が「組織人としての適格性に欠ける」と一三年四月一日付で人事室付に更迭した。

さらに経歴詐称や年金記録に関する書類の改ざんも発覚。四月二六日付で分限免職処分となった。

この経歴詐称というのが飲食関連会社に勤務しながら、金融業と製造業の二社の社員を兼業していたことを隠していたというもの。市民からの通報を受けて、市が調査を開始したところ、前区長は二社への勤務の記録を削除した年金記録を提出したという。本人は「生活のためだった」と釈明したという。

しかし、橋下市長はどうしてこんな人物を選んでしまったのだろう。大阪市議会からは市長の任命責任を問う声も聞こえてくる。

市長も会見では「(人を)見る目がなかった。僕が全て最終責任を負わないといけない」と責任を認めたものの、区政には影響がなかったと主張。

「迷惑を掛けた事実は見つかっていない。クレームが来たこともなく、問題ない」というのが橋下市長の説明だが、鳴り物入りで導入した公募区長が短期間で解雇されたという事実が区政、市政への悪影響でなくて何なのか。

東住吉区以外にも更迭予備軍といわれる公募区長はまだまだいる。ツイッターで自らへの批判的な書き込みに対して逆ギレした区長や、同和地区について「いまだに暗い印象」と論文に書いて陳謝した区長など。公募区長の就任後、職員の早期退職が増えた区もあるという。

前東住吉区長の処分である分限免職は懲戒免職とちがって退職金約五〇万円が支払われるという。

ろくな仕事もしないで給料をもらったうえに、半年程度の勤務で退職金までもらえるとは、大阪市の財政のどこにそんな余裕があるのか。

橋下市長は任命責任の取り方についてたずねられると「自分が不祥事を起こしたことじゃない。選挙で審判を受ける」と答えている。

ここでも、いつもの必殺技「ダメなら選挙で私を落とせばいい」だ。

次の大阪市長選が楽しみになってきた。

ぶれる橋下市長、「脱原発」の発言は事実誤認だらけ

原発事故をめぐるインテリジェンス

原発事故に関して、興味深いリポートが発表された。琉球大学ホームページによれば、同大学の大瀧丈二准教授らのチョウの一種ヤマトシジミにおける放射線影響研究がNature グループの"Scientific Reports"誌に掲載されたものだ。

《研究チームは事故直後の一一年五月、福島県などの一〇市町でヤマトシジミの成虫一四四匹を採集。うち、七地域総合で一二%に翅や目の異常が認められた。これらのチョウ同士を交配した子世代での異常率は一八%に上昇した。同様の七地域で九月に採集を行ったところ、異常率は二八%、その子世代では五二%に達した。類似の異常は、沖縄個体を外部被曝・内部被曝させた実験でも認められた》

これまで放射線の影響が小さいと見られていた昆虫に放射能の影響が強く見られたということだ。一読して皆さんは、やはり原発は危険だと考えたのだろうか。実は、私は

この報道に接して非常にホッとした。

あの原発事故の生物への影響については、科学的な見地から「ほとんど影響はない」と発表されていたが、「ほとんど影響はない」の「ほとんど」がどの程度なのかについての報道がまったくなされてこなかった。

このため、日本国政府が原発の影響を隠蔽しているのではないかと外国の機関は疑っていたし、私も心配していた。何しろあの民主党政権である。

一方でインターネットや大衆を煽る一部メディアによって「耳のないウサギ」「巨大化したナメクジ」「ウロコが透明で体が透き通った魚」などの写真が公開され、うわさが独り歩きした。

私から見れば原発事故とは関係がないような自然現象までが、すべて原発と関連付けられていた。神経質な人の中には信じる人もいただろう。

いずれにしろ、国民生活に甚大な影響を与える以上、ネガティブな情報でも積極的に出す勇気が求められている。

その点で、琉球大学の研究発表は日本における言論空間の健全性を示したものだ。当然ながらこの研究結果はこれまでの政府発表を覆しているものでもない。人体とも関係ない。大瀧准教授のご尽力によりヤマトシジミが放射能の影響を受けやすい生物だということが、私にはとてもよくわかった。

思い起こしてほしいのは、原爆を落とされた広島や長崎もいまでは平和を取り戻しているることだ。幸いにして福島でも放射能の影響で死亡した人はいない。目に見えないからこそ恐怖が増幅されるが、実際に起きていることを冷静に見極めていく必要があるだろう。

「正しく恐れる」とよくいわれるが、放射能との向き合い方を考えるためにも、さらなる科学的な研究の進展が必要なのは間違いない。

科学的見地という前提がそろえば、日本の根幹であるエネルギー問題について冷静な議論ができるはずだ。「原発はイヤ」「ダメなものはダメ」だけでは何も進まない。

市民運動家は何を言っても聞く耳を持たないだろうが、こんなときこそリーダーが国民を導いていく必要がある。そんな中で、日本の将来を担うと期待されている有望な政治家が迷走を繰り返しているのが気になっている。

橋下徹大阪市長だ。

反原発論者が強く推す自然エネルギーが開発途上のため火力発電に頼らざるを得なくなったが、最近、日本の足元を見るようにＬＮＧの卸値も上昇している。

私自身は電力業界と何らの資本的関係はないが、原発再稼働を強く支持する立場である。現在の貿易赤字転落の主因は、燃料輸入増である。このまま火力に頼り続ければ、日本は間違いなく沈む。

二〇一二年の夏、関西地方では橋下市長が大飯原発の再稼働を容認したことで、大停電の危機を乗り越えることができたが、市長はその後、「電力自由化」「脱原発」「自然エネルギー推進」路線に態度を戻している。

私は橋下市長の行政手腕を高く評価しているが、エネルギー問題への取り組み方は最低だと思う。経産省出身といいながら資源エネルギー庁での勤務経験のないご立派なブレーンを選んだツケを払わされている可能性がある。

橋下市長の発言を検討してみよう。

一一年一二月の市長就任会見では「日本の電気料金は原子力発電の有無にかかわらず、すでに国際社会から見て高い水準である」との発言があったが、少なくともイタリアやドイツよりも安い。円高の影響も見逃せない。

電気料金が安いといわれる米・仏・韓国と日本では、電源構成も政策も大きく違う。フランスが原発大国であるのは周知の事実であるし、韓国では政策的に安価な料金が設定されているが、料金収入が原価を割り込み、税金で赤字分を補填されていることも忘れてはならない。

同じ会見では「事業参入を自由に認め、競争体制をつくっていかないと、電力供給体制の安定強化にはつながらない」とも話しているが、これも事実誤認。

プレジデントの連載で指摘してきたことだが、電気事業への新規参入のためのルールはすでに整備されている。新規参入の障壁となっているのは多額の初期投資だ。

「電力」という商品はエジソンの時代から、まったく同じ品質で変化がない以上、消費者が選ぶ基準は価格しかない。送電線など既存の設備を持つ大企業が有利になるのは当然で、まっとうな企業は参入を控えるのが常識。

新規参入のためには、どこかの通信会社のように政治家を動かして自社が確実に儲かる法律につくり変えるしかない。

リーダーがぶれてはいけない

二〇一二年六月の岩手日報のインタビューでは「全量固定価格買い取り制度で、再生可能エネルギー事業はある程度ぐっと伸びる。発送電分離と送電網の広域化が、再生可能エネルギー普及の一番のポイントになる」と語っている。

送電網の広域化は、風況のよい北海道や東北での風力導入拡大を図るうえで有益である。一方、発送電分離は、公正・透明な競争を担保する一手段として論じられており、コスト高で競争力のない再生可能エネルギーの導入拡大とはそもそも無関係である。

同じ六月の市長定例会見では「期間を限定しない再稼働は、国民生活ではなく電力会社の利益を守ろうとしているだけ」とまで言い切ったが、電力会社が名誉毀損で訴えてもいいくらいの悪質な内容だ。

過度の節電を余儀なくされたことで、熱中症の犠牲者は増えている。電力の安定供給に国民の生命を守る以外の目的があるのか。行政の長として、責任を感じてもらいたい。

八月一日の定例会見では「エネルギー問題は選挙の争点にせざるを得ない。(中略)選挙で国民の皆さんがどの方向に進むのかを決めて、決めた以上は責任を持ってもらう」と発言。

同九日には報道ステーションに出演して「(原子力比率の)国民的議論は必要ですけど、方向性を決めるのはトップか責任を持った政治家が方針を決めないと無理ですよ」と語った。

真逆の内容だ。二つの発言の中でぶれていない点があるとすれば、エネルギー問題を選挙戦で利用したい、という意図だけだろう。

大阪市の特別顧問・特別参与は六〇人を超えた。三人よれば文殊の知恵というが、

	橋下市長発言	飯島勲のコメント
2011年12月19日	「日本の電気料金は原子力発電の有無にかかわらず、すでに国際社会からみて高い水準である」	脱原発したイタリア、ドイツより安い。韓国は政府により赤字分を補填されている。
	「事業参入を自由に認め、競争体制をつくっていかないと、電力供給体制の安定強化にはつながらない」	誤り。新規参入の障壁となるのは多額の初期投資。競争で供給体制が不安定になるのは常識。
12月21日	「日本全体の電力供給体制を強化するためには、地域独占を改める必要がある」	誤り。供給体制の強化には地域独占が必要。
	「送電網を東日本・西日本ぐらいでまとめて、発電事業者が自由にアクセスできる形で、発電事業者の競争を促す必要がある」	米国では発送電分離をした地域のほうが値段が高くなった。
2012年4月13日	政府による大飯原発再稼働の手続きを批判。維新の会で倒閣宣言。	リーダーは決してぶれてはいけない。
5月15日	計画停電や使用制限令は望ましくないとの見解。（5月31日）再稼働容認。	米軍基地移転問題の鳩山由紀夫元総理と同じような顛末。
6月8日	「期間を限定しない再稼働は、国民生活ではなく電力会社の利益を守ろうとしているだけ」	国民を煽動する悪質なデマ。電力会社は名誉毀損で訴えるべき。
6月22日	「いまの1社独占体制、総括原価方式ではコストは下がらない」	1社独占体制、総括原価方式でコストは何十年にもわたって下がっている。
	「全量固定価格買い取り制度で、再生可能エネルギー事業はある程度ぐっと伸びる。発送電分離と送電網の広域化が、再生可能エネルギー普及の一番のポイントになる」	再エネ導入が進まない原因は、経済性。発送電分離とは関係がない。
8月9日	「原子力ゼロの実現に可能性を感じる」	感じない。大幅な負担増に加え、他国にエネルギーを依存することになる。

六〇人プラス橋下市長が考えた結果がこれなのだろうか。ブレーンは、あくまで量より質なのだ。

橋下市長の電力関係の発言を追ってみると、ソフトバンクの孫正義社長の言動に非常に似ていることがわかる。

将来は総理大臣になろうという人間が、あの孫と知的レベルが一緒ということで本当にいいのだろうか。非常に心配である。

コラム

二一五万人！「生活保護」の闇を暴く

なぜ、大阪だけ保護率が突出か

生活保護は、インターネット上で、「ナマポ」と呼称され、どうすれば申請が通るかなどの具体的な情報交換が日夜行われている。

財政難はさらに厳しくなることが予想されるのに、働きもしないで毎月収入を得ている人間が、この日本に二一四万七三〇三人（二〇一二年一一月現在。厚生労働省調べ）いる。

受給者の増加に伴って、不正受給も増えている。一〇年度の不正受給は全国で二万五三五五件あり、一二八億七四二六万円に達した。

中でも、全国で最も生活保護受給者が多い町として知られている大阪の状況はひどい。

保護率は、大阪府全体で三・三六％。全国平均が一・六二％だから二倍以上だ。さらに大阪市だけだと五・七一％に跳ね上がる。これは政令指定都市別のランキングで断トツの一位。

市では、日雇い労働者の町「あいりん地区」があることや、失業率、離婚率、高齢者の割合が高いことが原因だと分析しているようだが、「大阪は生活保護をもらいやすい」というイメージが先行していることが背景にある。

これまでの大阪府や市の行政が悪いわ

けではないだろう。近畿、中国、四国等、大阪に近い地方で職を失ったり、過疎化が進んで生活に行き詰まったりした人々が「大阪に行けば何とかなる」と集まってくるのだ。

大阪市の調査によると、新規に生活保護を申請した人のうちの一割が、六カ月以内に転入したばかりだった。

あまりに大阪市の生活保護申請が増えるので、「他の自治体が、生活困窮者に大阪行きの片道切符を渡している」という話がささやかれたほどだ。

生活保護をもらう生活は魅力的だ。大阪府内の場合、最低賃金は時給七八六円。一日八時間ずつ週五日間、四週間働いたとすると、月給は一二万五七六〇円となる。一方、国民年金を四〇年間きちんと払った人に対する月々の支給額は月額六万五七四一円。

しかし、生活保護の基準額は大阪市のあるケースで、生活扶助七万九五三〇円と住宅扶助四万二〇〇〇円の計一二万一五三〇円に加えて、医療扶助で医療費は無料だ。

四〇年間まじめに働いて、国民年金を納めてきた人の二倍近い額を、まったく働かない人がもらえることになる。こんなオイシイ話はない。勤労者をバカにしているし、財政悪化にもつながる。

ここで、老後の安心を誰でも簡単に手に入れる方法を読者に紹介したい。

その方法とは、定年前になった時点で、

会社を辞め、家族と豪遊するというもの。豪遊といっても、限度を超えるぐらいでなくてはいけない。

「使う額は、貯金の一〇分の一ぐらいまでにしておこう」とか、「移動はちょっと豪華だけど、ホテルは安く」などと生半可な使い方ではダメだ。

飛行機はすべてファーストクラス、ホテルは五つ星で、スイートルームがいいだろう。食事も「あれもってこい、これもってこい。高いものを上から順に出せ」と贅の限りを尽くす必要がある。

貯金が底をついても、まだまだ怯んではいけない。ギャンブルをし、女を抱き、酒に溺れる。住宅を売り、クルマを売り、あらゆる財産を売り飛ばす。さらには、六〇歳からの年金で返済するとして、借金をして使いまくる。

完全に誰からも相手にされなくなった段階で、近くの市役所に駆け込んで、こう言うのだ。

「生活保護の受給申請をしたい」、と。

そして、財産がなく、借金があること。年金もほとんど返済にあてなければならず、生活が成り立たなくなっていると言えば、簡単に生活保護の受給許可が下りる。

今後、医療費も住居費も介護保険料も国家から支給されることになり、老後の不安はすべてなくなる。遊べば遊ぶほど、老後の心配が消えていくという魔法のような錬金術だ。

なぜ、まじめに働くと損をするか

モラルハザードは受給者だけでなく、生活保護福祉を担う業者にも広がっている。受給者の数が多く、増加中ということは、生活保護費を搾取しようという貧困ビジネスが成り立つことにつながる。

大阪には手続き業者や、受給者専門の簡易宿泊所や病院なども増加中。あまり知られていないかもしれないが、いま、生活保護の患者しか受け入れない病院というのが全国で七二もある。九〇%以上が生活保護の患者、という病院も三〇〇以上あるのだ。

こうした病院が生活保護の患者を好ん

なぜ、「人生、遊んだもん勝ち」か

		老後の月額支給
病弱なAさん	若いころから、ずっと生活保護	12万1530円
遊び人Bさん	遊びつくし、借金して、生活保護に	12万1530円
まじめなCさん	国民年金を40年間納付（約300万円程度）	6万5741円

（府内在住、単身者のモデルケース）

生活保護率ワーストランキング

● 都道府県別

1	大阪	3.36
2	北海道	3.01
3	高知	2.73
4	福岡	2.54
5	京都	2.30
6	沖縄	2.22
7	青森	2.16
8	東京	2.10
8	長崎	2.10
10	徳島	1.89
	全国平均	1.62

● 政令指定都市別

1	大阪	5.71
2	札幌	3.60
3	京都	3.13
4	神戸	3.09
5	堺	2.97

出典：福祉行政報告例　数字は(%)

で受け入れるのは、百パーセント国が払ってくれるという保証があるためだ。一般の患者との医療費トラブルも多発する中で、生活保護受給者はとりっぱぐれがない、よい患者ということになる。受給者を対象としている限り、病院は確実に儲かる。

　さらに悪質な病院になると、通院した受給者の患者数を水増しするなどの診療費の過剰請求を行っているところもある。「生活保護先進地域」の大阪では、病院の手口も進んでいる。診療報酬の規定では、通院よりも訪問診療のほうが高額に設定されているが、大阪市内のとある病院では、月に一二回以上も訪問診療が行われたという記録が見つかった。

　深刻な医師不足の中で、一人の患者を月に一二回も訪問するというのは常識として考えられないが、国の診療報酬基準の上限ぎりぎりの回数だったため、不正請求としての摘発は免れ、高額の診療報酬が病院に支払われてしまった。

こうした不正請求は発覚しにくいため、各自治体の医療扶助費がかさんでいくことになる。大阪市の二〇一〇年度の医療扶助費は一二九二億円だった。

医療扶助に関する不正は、病院も儲かるうえに、患者も過剰な医療サービスを受けられて、損するのは行政だけ、という構図だが、生活保護費をむしり取る「貧困ビジネス」というのも横行している。

悪徳業者にどんなに搾取されても、労働の対価として得た収入ではないので、周囲からはあまり同情されないのか、対策も進んでいないように見える。

ホームレスなどに生活保護を申請させたうえで、あらかじめ悪徳業者が用意したアパートやマンションに入居させて、家賃やさまざまな物品代などで保護費を

大阪市西成区では、生活保護世帯のための施設が多く存在している(写真と本文は関係ありません)

巻き上げるというパターンだ。

実際、こうしたビジネスが絡んだ「簡易宿泊施設」が増加した結果、この数年、ホームレスの数自体は減少しているのだ。敷金・礼金がゼロの物件でも、不動産契約に詳しくないホームレスをだまして、敷金・礼金を巻き上げる。

アパートの一室をベニヤ板で仕切っただけのプライバシーが確保されていない部屋でも高額の家賃を徴収する。食費から部屋に用意した布団代まで、悪徳業者たちは、あらゆる名目で月々の生活保護費のほとんどを吸い上げる。

さらに悪質な業者になると亡くなった受給者にまでたかる。実際には行われていない読経料や、高額な死体保存料（ドライアイス代）の不当請求、霊安施設でなく倉庫に遺体を放置していながら葬祭費を取るといった例まで報じられている。

私はこの問題でもっと光を当てるべきなのは、生活保護よりもまじめに働いてきた国民年金生活者が過酷な環境に置かれていることだと思う。六〇歳になるまでまじめに仕事をしても、国民年金の支給額を考えれば、生活保護世帯よりも生活が苦しいのは自明だ。

「再診料を払えないので、薬を多めに出してほしい」「一日三回飲まなければならない薬を二回しか飲まないようにしている」という事例は全国に頻発している。生活保護のモラルハザードの克服も大事だが、本当の弱者を見失ってはいけない。

独占手記
ロング対談を終えて

裸の勝負120分！

ももいろクローバーZ×飯島勲

Interview with Momoiro Clover Z × Isao Iijima

国民的アイドルとのトークライブを公開

官邸の命運を握る永田町のプロと現代を代表するアイドルグループの空前絶後の大対決!

なぜ、ももクロと対談したのか

——飯島勲である。

私は、紅白出場も果たした国民的アイドルグループ「ももいろクローバーZ」という五人組と一二〇分にもわたる対談をすることになった。

きっかけは、私の孫娘だった。「ももクロのライブに行きたいのに、ものすごい人気でチケットが取れない」と相談してきたのだ。確か二〇一二年の一〇月ごろだった。ももクロが所属する芸能プロダクションに親しい知り合いもなく途方にくれたが、直接電話をして交渉することにした。

飯島　もしもし、飯島勲と申します。私の孫娘がももいろクローバーZのライブに行きたいと言うのですが、私はチケットを手に入れることができません。値段が何倍になってもいいのでチケットを譲っ

ももクロ登場に盛り上がる会場。飯島氏との異色対決の行方は？

ていただけませんでしょうか。

芸能プロ　そういうことは致しておりません……いま、飯島勲さんとおっしゃいましたか。あの元総理秘書官の飯島勲さんですか？

飯島　はい。飯島勲です。

芸能プロ　実はももいろクローバーZとのトークライブの相手として飯島さんにオファーをしようとしていたところなのです。もし、トークライブに出ていただけるようでしたら、チケットも当然ご用意させていただきます。

飯島　そういうことでしたら、お引き受けしましょう。

――二〇一二年一二月に、安倍晋三総理より内閣参与（特命担当）を拝命して以来、すべてのマスコミ取材を断っているが、就任以前にお願いをされた

Interview with Momoiro Clover Z × Isao Iijima

安倍さんがサイリウム振ってハッピを着てたら驚く!

高城れに

ものについては失礼があってはならないので、出演は取りやめなかった。その意味で、この対談は最後のマスコミへの出演となるかもしれない。

ここからは、編集部の求めに応じて、対談ライブの模様を振り返っていきたい。

ももクロはオリンピックに出られるか

――控え室で出番を待っていると、最高潮に達したライブ会場での盛り上がりが聞こえてきた。

百田夏菜子　私たち、いま会えるアイドル、

ももクロメンバー全員　週末ヒロインももいろクローバー……、

Reni Takagi

1993年6月21日、神奈川県出身。血液型O。身長158cm。趣味：体を動かすこと・ダンス、異次元について考える。特技：ダンス、幽体離脱。

会場 Ｚ！

佐々木彩夏 さあ、それでは本日のテーマです。今回は「ももクロvs政治」です。私たち政治についての知識があまりに足りないですよね。

百田 でも、すごく興味はあるんです。

会場 えー？

百田 信じてください。本当です！

——私が十代のアイドルと話すことに不安を持っているのと同様に、ももクロも不安に感じているようだった。

佐々木 それではご紹介します。第二次安倍内閣参与・飯島勲さんです。

飯島 こんにちは。すごい熱気ですね。最初みなさんのこと知らなかったんです。日本にこんな文化が

今日は私たちの素朴な疑問をぶつけさせていただきます ―― 玉井

わかりました ―― 飯島

あるなんて驚きです。すごいですね。

高城れに　なんかオーラが。飯島さんの隣にいてオーラがすごいです。

玉井詩織　今日は、私たちの素朴な疑問をぶつけさせていただきます。

飯島　わかりました。

――このときは当たり前のやりとりだと考えたが、このあと彼女たちは新聞記者ですら聞きにくいような、素朴な疑問を私に直球で投げてくることになった。

佐々木　内閣参与っていうのはどういうお仕事をされるんですか？

飯島　参与は何人もいます。総理大臣から、これやあれについて調べろなどと指示を受けて、それに対

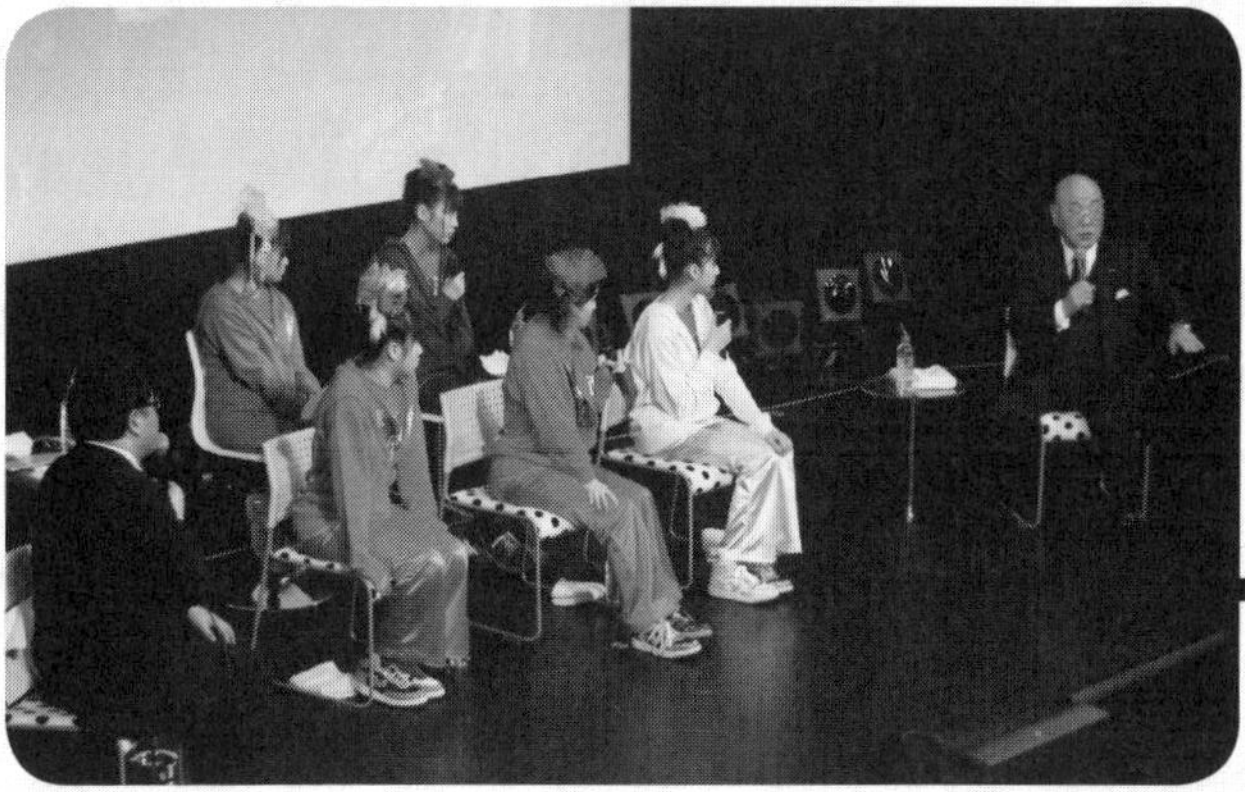

して助言をします。
佐々木　何人もいるんですか？
飯島　現在の安倍内閣では八人です。法律、外交、経済、金融、社会保障とかいろいろと専門分野の人が集まっています。私以外は各省のエリート官僚だった人とか大学教授ですが、私の場合は偉くもなんにもなくて、永田町に四〇年近くいただけで……。
佐々木　永田町？
飯島　永田町とは、国会議事堂がある地名のこと。国会周辺のことを私たちは永田町と呼んでいます。
玉井　国会に四〇年もいたんですか？
飯島　はい。下働きしていただけですが。
メンバー全員　へえ。すごーい。
百田　政治家とか役人を動かしているんですよね。
玉井　安倍総理から信頼されてるんですよね。安倍総理からアドバイスしてくださいと言われて、どん

Interview with Momoiro Clover Z × Isao Iijima

安倍総理って、ももクロのこと知ってたりしますか？

玉井詩織

なアドバイスをされるんですか？

飯島　そんなにしていません。逆に、私がアドバイスをするような場面が少なければいいと思います。私の出番がないということは、それだけ内閣がうまくいっていることですから。

玉井　安倍総理って、ももクロのこと知ってたりしますか？

飯島　知ってるんじゃないですか？　霞が関には東大を出て中央官庁に入ったエリートが一万八〇〇〇人くらいいますが、彼らは意外と流行には敏感で、ももクロさんについての情報もよく知っているんです。私は鈍感でしたが。二〇二〇年に東京でオリンピックが開催されることになったら、ももクロさんが歌う場面があるかもしれない。

高城　総理にキャスティングしてもらえるんですか？

Shiori Tamai

1995年6月4日、神奈川県出身。血液型A。身長156cm。趣味：料理、おかし作り、DSをすること。特技：ダンス。どこでもすぐに寝れちゃう!!

飯島　……私は安倍総理から、オリンピックじゃなくても、何かのイベントで「ももクロどうかな」と相談されたら、「いい子たちですよ。使いましょう」ってアドバイスすることにしましょう。

玉井　じゃあ、私たちがもっともっと頑張って、もっともっと認められるようになったら、安倍総理が呼んでくれるかもしれない。

百田　むしろ、安倍総理のためにライブをやります。

佐々木　でも、安倍さんが「かなこぉー」とか言ってたら「エッ?」ってなるよね?

高城　サイリウム振って、ハッピを着てたら驚く。

飯島　サイリウム?

——ももクロが大好きなプレジデント編集部員の話によれば、サイリウムとは、コンサート会場などで客席で振られる色が着いた棒のことで、百円

ショップでも買える。ももクロの場合は五色そろえるのが基本だ。

百田　でも、来てくれたらすごいうれしいよね。

佐々木　めっちゃうれしいけど想像ができない。飯島さんも、ぜひ!

飯島　今日がきっかけでみなさんのファンになって次のライブに行ったとしたら、ハゲ頭の怖いおじさんがいるとなって、私の周りに空間ができちゃうよね。

紙を溶かす仕事って何?

飯島　でも、政治家もみなさん方と共通点いっぱいありますよ。いろいろな仕事を担当するたくさんの関係者のチームワークが必要なところは同じですよ

東京オリンピックで
ももクロさんが歌う場面が
あるかもしれない ——飯島

総理にキャスティングして
もらえるんですか？ ——高城

ね。たとえば、総理大臣の周りには、何が入ってい るかわからない封筒を開ける人や、秘密が漏れない ように書類を集めて溶かす人までいます。

百田 そうですよね、私たちもね、私たちだけだと 何もできないからね。

玉井 うん。本当。直接関わらなかったとしても、 やっぱり会場押さえてくれてる方とか、本当、数え たら本当にたくさん、スタッフさんが関わってくだ さってるっていうのはすごいことですね。

飯島 ですよね。スタッフの人たち、マネージャー さんだけじゃなくて、メイクの人や衣装の人まで、 たくさんの人がいて、この二時間のトークライブが できるわけですよ。

百田 そうですね、本当に。

飯島 ある意味でありがたいよね。

佐々木 ありがたいです。

Interview with Momoiro Clover Z × Isao Iijima

どうして日本の総理大臣はすぐに代わってしまうのですか?

百田夏菜子

百田　一つ気になったんですが、先ほどの書類を溶かす仕事って何なんですか。

飯島　普通は書類の処分はシュレッダーを使いますが、細かく切っても、紙をつなげたら……。

玉井　読めちゃいますね。

飯島　だから、パルプみたいに紙を溶かしちゃう。

佐々木　液体にしちゃうんですか。

飯島　液体じゃなくてパルプの材料になるぐらいのドロドロの状態まで溶かして、全然読めなくしちゃう。

百田　住所とか書いた紙があるとまずいですよね。政治には、何人ぐらい関わっている人がいるんですか?

飯島　たとえば、国民の最高のポストの総理大臣の場合は、警備だけでも一二〇〇人ぐらいいます。

百田　ええっ　警備だけでも?

Kanako Momota

1994年7月12日、静岡県出身。血液型AB。身長155 cm。趣味:家でのんびりDVD鑑賞。特技:新体操、ダンス、バスケ。

玉井 ってことは、ほかにもいろんな仕事の方を合わせるともっとたくさんになるんですか?

飯島 たとえば、総理大臣が映画を観たいというと、警備の人とか秘書官とかいますから、五人分のチケットが必要になって、人の五倍のお金がかかる。

玉井 え、総理大臣は映画を観られるんですか。

飯島 はい。たまにありますよ。ところで、みなさんはファンレターが来たら、全部自分で封開けて見ますか。

佐々木 一回ぐらいマネージャーがチェックしてくださっています。

百田 はい。それから、手元にいただきます。

飯島 直に届かないでしょ。スタッフの人が一応管理して、「これ大丈夫だ」とかありますよね。

百田 そうですね。

飯島 ホワイトデーとかプレゼントがトラックで来

プレゼントはトラックで来るでしょ――飯島

いや、そんな――百田

るぐらい集まるでしょ。

会場 （笑）。

百田 いや、そんな（笑）。

佐々木 トラックで（笑）。

オバマさんはずっと大統領なのに…

百田 いやいや（笑）。なんか、すごく政治への印象が変わってきました。では、次の質問をしていいですか。小泉さんは結構長く総理を続けていましたが、どうして日本の総理大臣はすぐに代わってしまうのですか？

玉井 私たちが物心ついてから、すごくたくさんの総理大臣の方の名前を覚えなきゃいけなくて、なんでこんなに代わるんだろうと思っていました。誰か覚えてる人いる？

百田　福田総理。鳩山総理。安倍総理。菅総理……？

飯島　すごいね。よく勉強してるね。小泉総理のあとだと、ほかには麻生総理、野田総理だね。

百田　でも、毎年代わってますよね。オバマさんはずっと大統領をやってらっしゃるのに。

飯島　アメリカの大統領は、国民の支持率がいくら下がっても任期が四年と決まってます。

百田　あ、そうなんだ。

飯島　日本の場合、国会議員の中には総理大臣になりたい人がいっぱいいて、支持率が低くなったとたんに足を引っ張る人が多い。そうすると総理大臣としての仕事ができなくなって、辞めざるを得なくなる。小泉総理は最初から最後まで支持率が高いままだったから五年五カ月も続けられました。

Interview with Momoiro Clover Z × Isao Iijima

私たちのようなアイドルが国のために役立つことはありますか?

佐々木彩夏

玉井　支持率ってどこから集まるものなんですか?

佐々木　それ思ってた。私たち聞かれたことないもん。

飯島　支持率の調査はコンピューターで電話番号をピックアップして、回答者を選びます。かかってくる確率は数万分の一だし、携帯電話には調査をしていないから。もしも、ももクロさんの支持率を調べたら九〇%以上のとんでもない数字が出るよ。

佐々木　九〇%はちょっと、どうなんでしょう。

玉井　そうしたら総理大臣になれちゃうってことですよね。

飯島　いやいや。先に国会議員にならないと総理大臣にはなれないですよ。ももクロさんのライブに来る人は、二時間立っていても苦にならない。幸せを分けてもらえるような気分になっているでしょう。政治家も同じで、国民に夢や希望を与えられるよう

Ayaka Sasaki

1996年6月11日、神奈川県出身。血液型AB。身長160cm。
趣味：読書、映画鑑賞、可愛いものを集める、半身浴、お料理、デコ、おしゃれ等。

な人が望ましい。いま、安倍さんを応援する人はももクロのファンのような希望を感じてるんじゃないかな。

高城 なんか照れます。

共産圏って何ですか？

玉井 では、次の質問です。格差社会と言われていますが、格差はなぜ起きるんですか。

飯島 日本は共産圏とは違って……。

メンバー全員 共産圏って何ですか？

飯島 えっ！ そ、それは共産圏とはつまり……日本はお金を稼ぐことが自由な国だということです。でも、働けば誰でも儲かるわけではなくて、一生懸命働いても、収入が多い人と少ない人の差ができてしまう。これが格差。ももクロさんはいまでは何万

枚ものチケットが売れるグループ。でも、同じように路上ライブから頑張っていても、ファンが増えないグループもいる。だけど、いまでも路上ライブのときの気持ちで頑張っているももクロだから、みんな応援するんだよね。

玉井　だから、なぜ格差が起きるのかなって不思議です。

佐々木　それはどうにかならないんですか。

飯島　減らすことはできても、なくすのは無理だね。

百田　これって、少子化問題とか高齢者問題とかっていうのと関係してるんですか？　年金はどうですか。

飯島　うーん。関係がなくもない。

佐々木　私たちが年金とかをもらうようになったとき、いまもらっている人より少なくなると聞いたことがあります。

支持率ってどこから集まるものなんですか？――玉井

ももクロさんの支持率は90%以上のとんでもない数字が出るよ――飯島

百田 やはり、子供一人に対してすごいお金がかかるから産まない人が多いらしいですが、海外とかだと学費がタダのところもあるらしい。

玉井 ヨーロッパとか。

飯島 そういう国々では、その分、税金をたくさん払わなくてはいけないことが多い。日本の場合は将来が不安だから収入を貯金に回して、世の中にお金が回らず、景気が悪くなって給料が下がり、ますます将来が不安になる。貯金しないで使って景気をよくするような政治ができればいいと思います。ももクロさんのように働いて稼いでいる若者がきちんと消費して、納税する義務を果たしてくれれば、日本の未来も安心できるものになりますよ。

玉井 働きたくても、いま就職氷河期じゃないですかー！

飯島 気持ちはわかるけど、そんなことというなら、

Interview with Momoiro Clover Z × Isao Iijima

有安杏果

※のど治療中につき、声が出ず。

私だって定時制高校から夜間の大学に通って、納豆一個を五〇円で売り歩いていたんです。レコード一枚買えない時期もあった。仕事を選ぶから大変なんです。

高城　私が最近思うのは、選挙や政治に関心を持ってる人がすごく少ないんですよ。だから選挙に参加する若者が減っていると思うんですけど。

飯島　それはみんな気楽な環境で生活してるから。厳しいところに追い込まれると政治は大事だと思うよ。本当に生活が苦しかったら、ももクロのライブなんか絶対に来られない。ももクロを見て、ストレスを解消して、明日からまた頑張ろうと思えるのは、日本が平和で暮らしやすいからです。

百田　選挙に行っても、自分がこうしてほしいと思う人がいなかったら、投票しなくてもいいやっていう風になると思います。

Momoka Ariyasu

1995年3月15日、埼玉県出身。血液型A。身長148cm。趣味：お風呂で歌うこと。特技：ダンス。

飯島 知ってる人や、候補者がちょっとカッコよかったら一票入れちゃうみたいなことはあるけど、政治ってそんなに甘くない。もっと政治をわかってもらうような場面を増やしたほうがいいね。

高城 テレビを見ていると最近は、政治家がけんかしてる場面ばかりで、本当に言いたいことがよくわからなくなってきています。

飯島 テレビに出ている人は好き勝手なことを話すだけで、本当に真面目に政策に取り組んでいる人はあまりテレビに出てこない。昔は政治家側が有権者にお金を払って話を聞いてもらう機会もあったんですよ。でも、いまそれをやったら、贈賄で逮捕される。

ももクロは、国の役に立っているか

佐々木 私たちのようなアイドルが国のために役立

Interview with Momoiro Clover Z × Isao Iijima

ももクロさんは日本のためにも世界に打って出たらいい

飯島 勲

つことはありますか？

飯島　はい。あります。お世辞じゃないですよ。ももクロさんは、世界に打って出たらいい。日本人を世界の人が身近に感じてくれるはずです。

佐々木　私たちが海外でライブとかしてもっと人気が出たら、国の政治がしやすくなるかもしれないってことですか。

百田　少しでもお役に立てるように頑張ります。

佐々木　私たちも最初、ちんぷんかんぷんだったけど、政治が学べたし、みんなも学ぶきっかけになったよね。

玉井　普段学校の授業だけだと政治について関心がまったく湧いてこなかったかもしれない。でも、こういう機会を与えてもらったので、少しでも何か答えを出せるようになりたい。

飯島　みんな、話がうまいねえ。最初に出てきたと

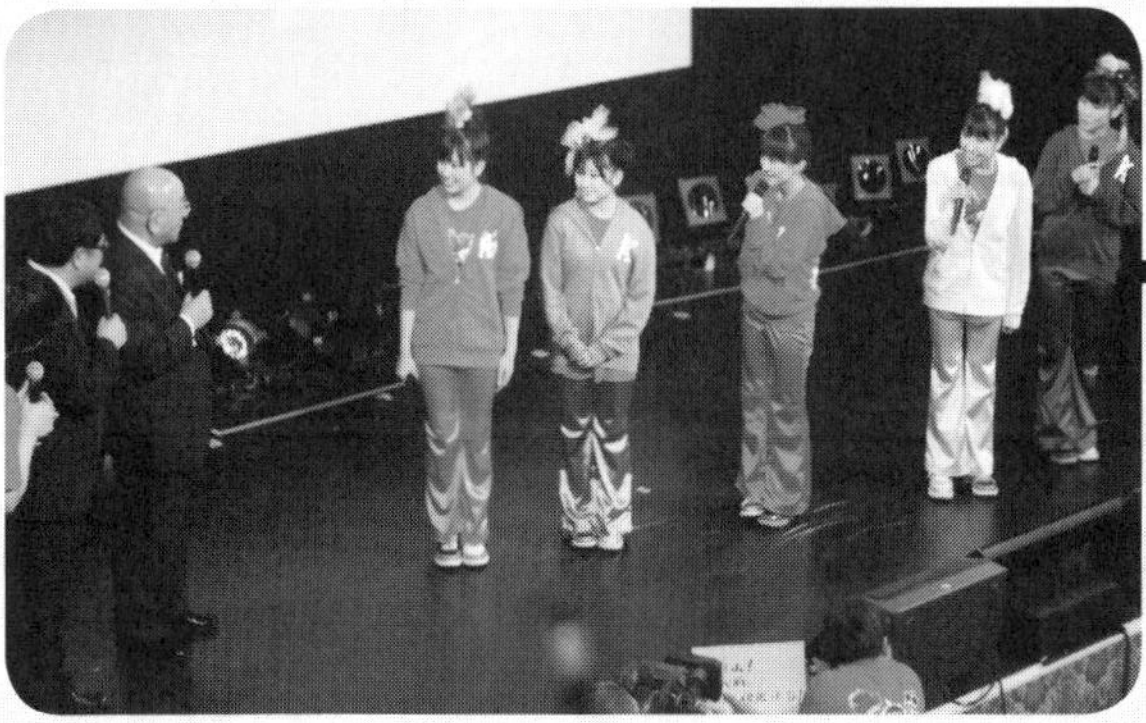

き、びっくりしなかった？　ハゲ頭で。

百田　今日のためにみんなで勉強したときに、いろんな疑問が生まれて、すごく興味が湧いてきました。ちょっと触れてみるだけで違うんだとわかったので、もっと広めていけたらいいなと思います。

飯島　ありがとうございます。今日来た甲斐がありました。私の孫のＤＶＤを借りて、見るようにします。

高城　私たち、ファンの人をモノノフって呼んでるんですけど、大変失礼ですが、飯島さんのことをモノノフと呼んでもよろしいでしょうか。

飯島　はい。もちろんです。アイドルグループにもいろいろある。何十人という集団が流行だよね。しかし、私は人数が多いだけでは人気が長続きしないのではないかと思う。数年たって全然違うメンバーだったら私は嫌だもの。

メンバーの入れ替えは、既存のファンを退場させてしまう危険がある。ＳＭＡＰも長年五人でやってきた。ももクロさんたちも、いまのメンバーで五年、一〇年と続いていけば、ファンも離れず年齢を重ねて経済力も増していくはず。それにつれて高額なチケットやグッズも買ってくれるよ。

アイドルと内閣参与、立場は違えど日本を元気にしていきましょう。

星野貴彦＝撮影　スターダスト＝写真提供

コラム

あなたは食えるか？ 陸上自衛隊サバイバルレシピ

緊急時、得体の知れない生物を食べていいか

私たちの周りにはたくさんの危険がある。夏休みに家族で山へハイキングに行ったつもりが遭難したり、言葉の通じない海外旅行中に路頭に迷ったり。

そうでなくても首都直下型地震、富士山爆発で都市機能が麻痺してライフラインがストップしてしまうことも想定しなくてはいけない。

二〇一一年の東日本大震災以降、備蓄食料や防災キットをそろえる家庭も増えているというが、ほとんど役に立たないだろう。

そんなことよりも知っておくべきことがある。今回は、自分と自分の家族が生き抜くために必要な知識を読者に伝授したい。

防災キットの定番、乾パンは非常用食料としては最悪だ。非常事態に遭遇したとき一番大切なのは水分で、ご飯など食べなくても水さえあれば数日は生きていける。

しかし、乾パンは食べると喉が渇く。これは致命的だ。

だからこそ、市販の非常食をそろえるより、どんなときでも水分や食料を補給できるようにしておく。

道端に生えている草が食べられるのか、草むらで捕まえた虫を食べることができ

「どちらがトリカブトで、どちらがヨモギかわかるだろうか。
命懸けで選んでみてほしい」と、飯島氏（PIXTA）
※正解：上がヨモギ、下がトリカブト

るかが、生死の分かれ目になることもあるだろう。

その意味で大切なのは、覚悟だ。

最近の日本人は見た目や衛生的なことに神経質になっているが、数十年前までは雑草を食べ、虫を食っていた。虫の成分は約六五〜八〇%がタンパク質で栄養価も高い。美容にも効果的だ。

自然災害や食料難が春にきたらラッキーと思ったほうがよい。〝食材〟が豊富だからだ。春の草は総じて柔らかい。

七草がゆの「春の七草」を思い出してもらえばわかるが、見かけは雑草でも、食べてみれば柔らかくていい香りがして美味しい。あまり知られていないが「夏の七草」もある。日本学術振興会が第二次大戦末期の昭和二〇年六月に発表したもので、アカザ、イノコズチ、ヒユ、スベリヒユ、シロツメクサ、ヒメジョオン、ツユクサ。食料不足のときに道端に生えている草の中からすぐ食べられるものを選んだらしい。

サバイバル生活に最適なのは「春」

しかし、春の草花と比較すれば、夏に生える草は、太くて堅いものが多く、食べるのがしんどいことが多い。

秋になれば草は減り、冬になれば枯れ

るのだから、数があるだけ夏はましなのだが、サバイバル生活におすすめなのはやはり春だろう。

もちろん、道端に生えている草のすべてが安全に食べられるわけではない。

例えばヨモギとトリカブトは非常に似ている。昔の人なら食べられる草と食べられない草の見分けがつくだろうが、雑草を食べたことのない現代人のために、得体の知れない植物を食べていいかどうかの判断法を紹介したい。

これは「世界標準可食性テスト」と呼ばれているものだ。いざというときに備えて、通勤途中の草が食べられるか調べておくのもいいだろう。

一．植物を葉、茎、根、芽、花に分ける。実験は一部位ずつ行う。

二．八時間、水以外何もとらない。

三．部位を手首に押し付け一五分以内に反応があったら食べない。

四．それぞれの部位を茹で、舌に載せ、三分以内に焼けるような感じやかゆみが出たら食べない。

五．その後、一五分間舌に載せ続けたあとに噛む。その後一五分以内に異変が起きたら食べない。

六．飲み込み、八時間以内に異変が起きたら胃から吐き出し、水をたくさん飲む。

七．特に体調が悪くならなければ、同じ方法で下ごしらえした植物を四分の一カップ食べる。さらに八時間待ち、それでも大丈夫なら、その植物は大丈夫ということになる。これで、毒の植物で死ぬリスクはかなり回避されるはずだ。

自衛隊おすすめの美味しい虫料理

そして植物よりも私がおすすめしたいのは虫だ。

二〇〇六年三月に自衛隊隊員のパソコンから情報漏洩が起きた際、陸上自衛隊サバイバルレシピ「昆虫の食べ方」なる極秘資料が流出した。

皆さんが日ごろからよくご存じの一一種類の虫に関して、その調理法や味を二〇字程度で簡潔に説明したものだ。

カマキリ／羽をむしってから焼いたり、炒めたりしよう。煮てもよい。

カブトムシ／幼虫の焼いたものは香りもよく、一度食べたらやみつきになりそう。

クモ／足を取ってから食べる。味はチョコレートそっくり。

そして、わが故郷・長野県の珍味であるハチノコも紹介されている。

「生でもOK。炒めても、煮てもよい」。

ハチノコは、イナゴやザザムシとともに

長野で食用にされる昆虫として有名だ。

イナゴとハチノコは、厚生労働省の食品成分表にも記載されている立派な食材で、われわれ長野県民にとっては一般的な郷土食だ。

極限状態の人向けの陸上自衛隊サバイバルレシピに掲載されるような特別なものではない。私も子供のころはよくハチノコをとりにいったものだ。

まず、カエルの太ももの肉をマッチ棒の頭二つ分ぐらいカットして真綿の先を糸状に細くしたものを結び、働き蜂にエサとしておびき出す。ハチがエサを巣に運ぶのを追いかけ、巣のハチノコを一網打尽にする。

このカエルの肉の調整が非常に難しい。肉片が少ないと高すぎて見失い、肉片が多いと持ち上げられない。

地上二メートルくらいの高さでハチが飛ぶように調整して、真綿を目印に追いかける。遠くても一キロ以内に巣はあるのだが、ハチは山を越え、谷を越えていく。

相手は空、こちらは地上を走る。ヤブだろうと川だろうと突進していく勇気が求められる。

ハチの巣にたどりついたら、火を焚いて煙を出して、攻撃力のある成虫を寝かせてしまう。成虫が動かなくなったのを確認したら、巣を取り外し、ピンセットで幼虫を取り出して食べるのだ。

必携！ 陸上自衛隊のサバイバルレシピ

カマキリ	羽をむしってから焼いたり、炒めたりしよう。煮てもよい。
カブトムシ	幼虫の焼いたものは香りもよく、一度食べたらやみつきになりそう。成虫は羽や足が焦げる程度に焼こう。
クワガタムシ	カブトムシと同じようにして食べる。
カミキリムシ	幼虫はテッポウムシという。生でもいけるし、焼いてもよい。生の味は刺し身のトロに似ている。
クモ	足を取ってから食べる。味はチョコレートそっくり。
シロアリ	生のままが最高。太くて古い幹にいっぱいいる。
ムカデ	あまりおいしくはないが、唐揚げにしてみよう。
ハチノコ	生でもOK。炒めても、煮てもよい。ただし捕まえるときは親蜂に刺されないように注意すること。
サクラケムシ	唐揚げがよい。エビの唐揚げのような味がして絶品。
イモムシ	焼いて食べる。ポンと皮がはじけたら食べ頃だ。
ウジ	佃煮がおいしい。生でも大丈夫。ただし、ホタルやナメクジには手を出さないこと。ホタルには猛毒がある。

世界で一番うまいハチミツ

ハチノコどりは、地域の子供たちのグループで出かけ、上級生が下級生に取り方を伝授していくが、教えられたことだけをやっていても美味しいハチノコにはありつけない。

自分の感覚で新しい工夫を加えることで、成功率を高めることができる。ちなみに私は、生よりも炒めて甘辛く味付けたハチノコが好きだ。

ハチといえばハチミツだが、私が地球上で一番美味しいと思うのは、松の木からつくるハチミツ（バハール社）である。松の木に寄生する虫をハチが食べて蜜をつくる。松の木のエキスが間接的に蜜となっている。ほんとうにうまい。トルコとギリシャの一部でしか生産できないが、日本にも少量は輸入されているので、ぜひご堪能あれ。

自衛隊は扱っていないようだが、ザザムシも見つけやすく食べやすい虫だ。砂礫の多い水がざあざあと流れる場所を「ざざ」といい、その石ころの下に生息する虫のことで、カゲロウなどの幼虫である。特に伊那の天竜川でとれたザザムシは珍味とされている。

私が子供のころは、冬になると河原に出かけて、石をひっくり返しながらザザムシを集めて持ち帰り、母親に佃煮にしてもらったものだ。

その辺に生えているわけではないが、いざというとき役に立つ食材もある。タマネギの皮だ。古代ローマ人は、戦いで血が出るとタマネギの皮を貼ってピタッと止めたものだ。

赤ワインの四倍のポリフェノールも含まれていて、いろいろ健康にもいい。タマネギの皮を粉末状にした健康食品「エミール」を食事に使うのが私自身の健康法だ。

おかげさまでこれまでの人生は病院の世話にならずに済んでいる。何が起きてもおかしくない世の中、たくましく生きようではありませんか。

「地球上で一番うまい」というバハール社のハチミツ（右）と、タマネギの皮「エミール」（左）。

広い世界を旅して、逆さまの月と死なない鮭に会った

総理大臣秘書官として、最近では各国の政府顧問として、私は世界中を旅してきた。知らない国を訪れるたびに、さまざまなことを考えさせられるが、食べ物との出会いがきっかけになることも多い。近年、アフリカの国々に招かれることが増えた。

日本を離れて南半球のシエラレオネに到着し、空港から首都に向かうフェリーの中で夜空を見上げると、月の向きが違うことに気づく。まったく逆に見えている。

北半球と南半球とでは、自転の力の加わる方向が左右逆さまなので台風の渦も反対になる。

北半球では反時計回り、南半球では時計回りの回転運動だ。

ではカタツムリの殻はどうなのかと調べると、自転とはまったく関係がないという。天体や気象よりも動物は複雑にできていることがわかった。

もちろん生き物や食べ物も、地球上の離れた場所ではまったく違う。例えば、同じ鮭（サーモン）でも太平洋と大西洋では、その生態が違う。日本の鮭は川を遡上して産卵したあとは死んでしまうが、英国や北欧の鮭は何回も産卵する鮭がいるのだ。

最近スーパーにも置かれている北欧産の鮭はアトランティックサーモンという種類の魚で、日本古来の鮭とはまったく別のもの。生物学のヒト科のゴリラ属とヒト属くらい違う。

なぜ、鮭の身はピンク色なのか。マグロやカツオなど猛スピードで長距離を泳ぐ魚は赤身、ヒラメやタイなど近海をゆっくり泳ぐ魚は白身である。

これは、筋肉に含まれるミオグロビンというタンパク質の量の差だという。では鮭がピンク色なのは、中くらいの速さで泳ぐからか。それは違う。

実は赤の色素を持つオキアミをエサにしているからだ。エサが変われば、鮭も白身になる。

魚を「食材」として見たときに、性別でも価値は大きく変わる。卵が取れるメスの需要が多く、価格も高い。味も良い。

コーヒー豆にもオスとメスがあるのをご存じだろうか。見分け方は、豆に筋があるのがメス。小さくて丸いのがオスだ。オス豆は、全体の五％程度しか収穫できず、値段が非常に高い。

こだわりを言わせてもらうが、豆の比率をオス対メス＝1対3でブレンドしたものが最高だと思う。

私が注文するブレンドコーヒーはこのブレンドのことを指しているのだが、なかなかわかってもらえない。気難しい人だとか、変な人だとか思われたくないので口をつぐむことにしているが、これだけは言える。君たちの飲んでいるブレンドコーヒーはニセモノだ。

読者特典◎
秘密の袋とじ

思想家、実力者、黒幕がお忍びで通う

飯島勲の人に教えたくない店

手打ちそば **柏屋**

思想家、実力者、黒幕がお忍びで通う

●長野県駒ヶ根市中沢　4185－1　●電話／0265－83－3860
●営業時間／11時30分～14時（手打ちそばが終了次第閉店）火曜、水曜休み
●カード不可●24席●個室なし●全席禁煙

飯島さんが美味しい信州そばを求めて極秘で食べ歩きを重ね、最後にたどりついた。以来、信州の思想家や経営者の間に口コミで評判が広がった。材料のそばも店主の松原悦夫さんが自ら栽培するほか、店で出す食材のほとんどが地元の駒ヶ根市中沢地区産。大通りに看板もなく目印となる建物もない畑の真ん中にあり、地元の人でも見つけ出せない。どんな遠距離からの客が来てもその日仕込んだ食材がなくなれば即閉店。

「食べることができれば幸運。それでも通いたい。そばの香りを味わうために、私もこの店では禁煙します」と飯島さん。

郷土食3点盛（左から、ザザムシ、ハチノコ、マユコ）。マユコは希少なため事前に問い合わせが必要。通常メニューにはザザムシの田舎煮（400円）、地蜂の甘露煮（400円）

（上）ざるそば（700円）
（左）コンニャクのさしみ（300円）

（上）シカ肉のくんせい（300円）
（左）山きのこのおろし（300円、季節限定）

ソースかつ丼、茶そば　いな垣

不思議や不思議　食べるとお腹が空くソースかつ丼

●長野県駒ヶ根市赤須町18−11　●電話／0265−83−8080
●営業時間／11時〜20時（ラストオーダー）火曜、第3月曜休み（祝日等で変更あり）
●カード不可●36席●個室なし●全席禁煙

駒ヶ根で「かつ丼」といえば「ソースかつ丼」。町おこしにも活用されていて、テレビなどで紹介されて全国にも知られている有名店もあるが、飯島さんのおすすめはガイドブックに決して載らないこの店。「地元の人だけで行列ができる店で、駒ヶ根に帰ったときは必ず寄ります。胃にもたれないのでお土産にもう一つ買って夜食か翌日の朝食にします。一度間違ってミニかつ丼を買ったら、小さくて全然足りなくてむしろお腹が空いた。女性にはちょうどいいといわれても納得できません。仏壇のお供えではないんだから（笑）」。

ソースかつ丼（ロース）、おしんこ・味噌汁・サラダ付き（945円）

納豆そば（682円）

おかめそば（735円）

黒蜜バニラ（315円）

解説◎ゾマホン 駐日ベナン共和国全権大使

先生は世界の偉人です。証拠もあります

――二〇一三年四月、『秘密ノート』発刊を記念して、駐日ベナン共和国全権大使・ゾマホンさんを官邸・内閣参与室にお招きし対談を行った。

飯島勲　ようこそ官邸へ。ゾマホンさん、よくぞお越しくださいました。

ゾマホン　飯島先生、お目にかかれて光栄です。今日は飯島先生の素晴らしさを日本の皆さまに解説しにきました。

編集部　ゾマホンさんは、飯島勲さんのことをご存じだったんですか。

ゾマホン　（怒り気味で）何を言っているんですか。飯島先生のことをアフリカで知らない人はいないよ！　先生は世界の偉人だよ。（官邸の）一階でも新聞記者が飯島先生のことを「飯島さん」というから叱ったんです。先生は、先生と呼ぶべきです。

※記者は「飯島参与」と呼んだ可能性がある。

飯島　（編集部に向かって）ほら、私は西アフリカにあるシエラレオネの名誉総領事に就任したから。

ゾマホン　それと、ウガンダ共和国の政府顧問ですよ。

飯島　シエラレオネもウガンダも全部無報酬でやっているんです。ただ飛行機代だけは出してもらっている。

ゾマホン　今日タクシーに乗って……いつもはベナンの公用車に乗っているけど、今日はたまたまタクシー乗っていたんですけど、その運転手も飯島先生のことを素晴らしい人だと認めていました。先生は偉大なんです。

編集部　（笑）

ゾマホン　（編集部に向かって）あなた、私を信じてないね。飯島先生はすごい人だよ。ちゃんと証拠もあります。ホラ。

※ゾマホンさん、タクシーの領収書を取り出す。

ゾマホン　これが証拠です。ちゃんとカメラでも撮っておいてほしい。（Ｐ１９７写真）

編集部　タクシーに乗ったかを信じているかどうかではなく、飯島さんが偉いかどうかが……。いや、飯島さんがすごい人だということは存じております。

飯島　……ベナンは最貧国で困っているようですね。いつでも相談に乗るし、ベナンに行ってもいいよ。

ゾマホン　それはとってもうれしいです。大統領も喜びます。ぜひ来てください。ベナンは人口九四〇万人のうち八〇〇万人ぐらいが農民です。綿花を外国への輸出品として栽培しているのですが、八〇〇人に一台の割合でしかトラクターがない。

飯島　でも、とっても質がいい綿花ではないですか。

ゾマホン　先生、その通りです。世界で一番です。ベストのクオリティです。

ゾマホン・ルフィン

1964年6月15日、アフリカ、ベナンに生まれる。苦学しながら大学を卒業、中国へ留学。その後日本へ渡り上智大学大学院に入学、TVで人気者となる。2012年駐日ベナン共和国大使就任。著書に『ゾマホンのほん』『ゾマホン大いに泣く』。

飯島　対日輸出は、わずか一億四一二一万円。典型的な農業依存型経済で、主要輸出品は綿花。輸入は、農業車両と中古医療機器。農業だけではなく、次のステップへどう進むかがこの国のテーマだね。

ゾマホン　そうです。先生。本当によくご存じですね。ヤンマーの社長にトラクターを援助してくれないか、安倍晋三総理には水の技術援助をお願いしているのですが、本当にしていただきたいのは、トラクターの組立をベナンでできるようにしていただきたいのです。

編集部　中国の援助はどうなっているのですか。

ゾマホン　中国のアフリカ援助には、いいことと悪いことがあります。

飯島　それはよく聞く話だね。例えば五〇億ドルのアフリカへの援助を中国が決めたとする。だけど、労働者を中国から連れてきたりして、建物や道路は建つかもしれないけど、結局その国を潤すようなことにはならないみたいだね。

ゾマホン　そうです先生。しかも約束も守ったり守らなかったりする。その点日本は、クソ真面目だよ。日本は一回約束したことは必ず絶対守る。手抜き工事もしない。

飯島　中国人の労働者には囚人もずいぶんいて、しかも工事が終わるとその国に置いて帰っちゃう。

ゾマホン　そうなんです。二〇億円投資しても三〇億円とられてしまうようなことも起きてしまう。

飯島　現地の人を使ってあげれば、すごく助かるのに。

ゾマホン　そうなんです。いまは綿花の栽培ぐらいしか産業がありません。だけど石油をはじめ資源はたくさん眠っているかもしれません。まったく手つかずのままですから。

飯島　アフリカのある国の大統領に会いにいって、その国の発展のために専門学校をつ

くりましょうと言ったら、大統領が日本を信用してくれて、地下資源を運用する権利を日本に渡すと言ってくれたんです。きっとベナンと日本もどちらかが得するというのではなく、両国の発展のためにできることがあるはずです。

ゾマホン　先生、本当にありがとうございます。いつベナンに来て大統領と会っていただけますか。

飯島　ははは。そうだね。近いうちに行こう。

ゾマホン　私は日本の皆さまのおかげで、大使に任命されました。本当に頭も空っぽです。しゃべるだけなんです。本当に感謝してます。

飯島　何を言ってるの。ビートたけしがゾマホンのこと「このまま本気でベナンのために働いたら大統領になる」って言ってたよ。

ゾマホン　いやいやいやいやいやいやいや、絶対なれません。それに私がなりたいのは日本の総理なんです。日本の皆さまに恩返しをさせていただきたい。

飯島 ははははは（笑）。でも、一度ベナンへ行きたいな。行けばその国に何が必要かがわかるんだよ。シエラレオネも行ったからこそ「ここに必要なのは道路だな」と肌感覚でわかるようになった。

ゾマホン ぜひ。先生、この前お会いしました奥さまはお元気ですか。

飯島 ……元気だよ。

ゾマホン 飯島先生の奥さまは、江戸っ子だよ。あんなに美しい人はいない。容姿も心も。よろしくお伝えください。

飯島 あなたの奥さんは日本人？

ゾマホン 私は日本人と結婚したけど、多くの日本の女性は痩せこけているから嫌いだよ。

飯島　どうして？

ゾマホン　日本人お金あるんだから、もっとご飯食べなきゃダメだよ。

飯島　太っている人が好き？

ゾマホン　私が好きなのは森公美子みたいな人。でも、森公美子さんは結婚してるんです。飯島先生ももっと太ったほうがいい。まだまだ普通だよ。

一同　（爆笑）

飯島 勲
Isao Iijima
1945 年長野県辰野町に生まれる。1972 年小泉純一郎の衆議院初当選とともに、その秘書となる。竹下内閣、宇野内閣で厚生大臣秘書官。宮澤内閣で郵政大臣秘書官。橋本内閣で厚生大臣秘書官。小泉内閣で首席総理秘書官。元自由民主党秘書会副会長。永年秘書衆議院議長表彰、永年公務員内閣総理大臣表彰を受ける。現在、内閣参与(特命担当)、松本歯科大学特命教授、ウガンダ共和国政府顧問、シエラレオネ共和国名誉総領事、コソボ共和国名誉総領事。

○主な著書
『人生「裏ワザ」手帖』、『リーダーの掟』など多数。

秘密ノート The Spy Notes

2013年7月3日　第1刷発行
2013年7月19日　第3刷発行

著者　飯島勲
発行者　長坂嘉昭
発行所　株式会社プレジデント社
〒102-8641
東京都千代田区平河町2-16-1
平河町森タワー
電話　編集 03-3237-3737
販売 03-3237-3731

編集　小倉健一
編集協力　河崎美穂
ブックデザイン　WIEN DESIGN
撮影　奥谷 仁、浜村多恵、
星野貴彦(ももクロ)、小倉健一(ゾマホン)
販売　高橋徹、川井田美景、桜井栄一、
村上千夏、峪翔子
写真提供　PANA、PIXTA
印刷・製本　萩原印刷株式会社

ISBN 978-4-8334-5055-3
Printed in Japan
落丁・乱丁本はおとりかえいたします。本書は、
プレジデント誌連載に加筆、再構成したものです。文中一部敬称略。